I0037343

Comment Développer des

LEADERS

en Marketing Relationnel

Volume Un

*Créez Étape par Étape des Professionnels
en Marketing de Réseau*

Tom « Big Al » Schreiter

Comment Développer des Leaders en Marketing Relationnel
Volume Un
© 2019 by Tom « Big Al » Schreiter

Tous droits réservés, incluant le droit de reproduire ce livre ou des portions de celui-ci sous quelque forme que ce soit.

Publié par Fortune Network Publishing
PO Box 890084
Houston, TX 77289 USA

Telephone: +1 (281) 280-9800

BigAlBooks.com

ISBN-13: 978-1-948197-53-3

TABLE DES MATIÈRES

BIG AL
WORKSHOPS

Ce livre est dédié aux gens de marketing
de réseau de partout.

Je voyage de par le monde plus de 240 jours chaque année.
Laissez-moi savoir si vous souhaitez que tienne une
formation (Big Al Training) dans votre secteur.

→ **BigAlSeminars.com** ←

Tous les livres de
Tom « Big Al » Schreiter
sont disponibles à :

BigAlBooks.com/french

PRÉFACE

Ça n'est qu'un départ… et non la totalité !

Le leadership est un sujet ainsi qu'une compétence très vaste. Ce livre n'a pas la prétention de couvrir tous les principes et les compétences que devra apprivoiser et maîtriser le leader. En débutant la rédaction ce livre, j'ai rapidement réalisé qu'il me fallait délimiter un point de départ et une ligne d'arrivée. Personne ne souhaite mémoriser 100 principes de leadership différents. Personne ne désire acquérir et maîtriser simultanément 200 compétences en leadership. Et on ne parle même pas de la multitude de méthodes pour appliquer ces principes et compétences.

Alors si vous êtes à la recherche d'un livre qui fera tout ça, vous devrez continuer à chercher. Ce livre n'est qu'un point de départ… mais il faut bien commencer quelque part non ? Lorsqu'on ne sait pas ce qu'on ne sait pas, faire le premier pas est la meilleure option pour avancer. Alors commençons tout de suite à apprendre quelques rudiments au sujet du leadership.

Ce livre comporte un brin de philosophie, des principes, des compétences et des méthodes ABC ; mais il ne couvrira qu'une partie du sujet. Comme dans toute chose, nous en apprenons un peu au départ, et nous approfondissons ensuite. C'est d'ailleurs la raison nous avons identifié ce livre… « Volume un. »

« *Comment Développer des Leaders en Marketing Relationnel Volume Un : Créez Étape par Étape des Professionnels en Marketing de Réseau* » se concentre principalement sur l'éléphant dans le jeu de quille : la gestion de problèmes.

—Tom « Big Al » Schreiter

« JE SUIS PARESSEUX. DONNEZ-MOI TOUT SIMPLEMENT LE SECRET. »

Si vous ne pouviez vous rendre plus loin dans la lecture de ce livre, le secret en soi est simple.

Le mettre en application requiert cependant l'apprentissage de nouvelles compétences ; ce qui sera un peu plus difficile. Et oui, il y toujours une « attrape. »

Essayez cette petite routine :

Étape 1 : Songez à tous les livres, fichiers audio et séminaires disponibles sur les secrets du succès en marketing relationnel.

Étape 2 : Imaginez maintenant tous les manuels et programmes de formation produit par les compagnies de marketing relationnel.

Étape 3 : Empilez maintenant le tout pour en faire une petite montagne.

Résultat ?

Une montagne d'information que très peu de gens seraient aptes ou motivés à lire.

Ne serait-ce pas agréable de pouvoir réduire toute cette connaissance sur le marketing relationnel en **une seule phrase** ?

Et bien, voici le secret. La phrase qui résume tout ce que vous devez savoir pour devenir une superstar en marketing relationnel. Prêt ? La voici :

Développez des leaders et aidez-les à connaître le succès.

C'est tout. C'est l'essentiel de cette montagne de connaissance et de sagesse.

Les leaders facilitent votre vie. Les leaders vous procurent la sécurité financière. Et les leaders sont **rares**.

Demandez à un réseauteur s'il a quelques leaders dans son groupe et il répondra : « Bien sûr ! J'ai de très bons éléments dans mon équipe. »

C'est une mauvaise conception.

« De très bons éléments » ça n'est **pas** des leaders. Ce ne sont **que** de « très bons éléments. »

Un leader est bien plus qu'un bon travailleur, un bon recruteur, quelqu'un de productif.

Un leader en marketing relationnel est quelqu'un qui...

- Obtient le meilleur de chaque nouveau distributeur et l'aide à constamment se dépasser.
- S'assure que ses distributeurs commandent des produits à la fin du mois.

- Ne se plaint jamais auprès ou devant son équipe de distributeurs.
- Ne se plaint ni ne pleurniche auprès de sa lignée de support ou de sa compagnie.
- Possède ses propres objectifs et aspirations.
- Dirige les meetings pendant que vous êtes à l'extérieur.
- S'assure que la salle est bien réservée, que la table de produits est bien montée et que le meeting démarre à l'heure.
- Maîtrise son attitude et ne laisse rien ni personne dévier son chemin vers le succès.
- Démontre au quotidien l'importance de focaliser sur son objectif ultime.
- Apprécie votre absence, car ça lui permet de développer son entreprise en paix sans interférence, et de prendre les rennes et le contrôle.

Il y a tellement plus que ces quelques éléments, mais vous saisissez l'idée. Les leaders sont rares ! Très, très rares !

Rares à quel point ?

Faire le décompte des leaders.

Et bien, si vous avez un véritable leader dans votre groupe, vous êtes choyé financièrement.

Si vous avez deux véritables leaders dans votre groupe, vous êtes très riche – et financièrement indépendant.

Si vous avez **trois**, **quatre** ou **cinq** véritables leaders dans votre groupe, **vous avez probablement fait une erreur de calcul… ou d'identification !**

Les leaders sont aussi rares que ça.

Les leaders sont l'unité de mesure de votre succès en marketing de réseau.

Les distributeurs vont et viennent, un peu comme le sable d'une plage à chaque marée. Ils n'ont pas cette implication absolue envers leur entreprise de marketing de réseau.

Les distributeurs se disent :

« Et bien, je vais essayer cette compagnie un certain temps, et ensuite, cette autre compagnie pour une autre période, et ensuite, peut-être regarder un peu de télévision quelques mois et si les chèques de commission sont trop petits, j'abandonnerai tout simplement. »

Des distributeurs ont passé leurs vies entières à apprendre l'abandon.

Ils ont quitté l'école, quitté leur emploi, déserté le gym, abandonné leurs résolutions du Nouvel An… Ils ont parfois mis fin à leur mariage, à leurs diètes…

Soyons honnêtes.

La plupart des gens sont des lâcheurs professionnels. (Mais il peut y avoir un coté positif à l'abandon : quitter son emploi ou encore, mettre fin à la télévision chaque soir peuvent être bénéfiques. :)

Puisque cette catégorie de gens vont et viennent, vous ne pouvez pas construire votre équipe exclusivement sur des distributeurs ; vous avez besoin de leaders.

Désastres ?

Si un média tente de détruire l'intégrité de votre entreprise, vous perdrez probablement quelques distributeurs désengagés.

Si un produit tombe en rupture de stock, plusieurs distributeurs prendront une pause pour errer sur le web comme des zombies ou regarder la télévision.

Si la compagnie annonce quelques changements aux politiques et procédures, d'autres distributeurs prendront la poudre d'escampette craignant toute forme de changement dans leurs vies.

En contrepartie, aucun de ces désastres n'affectera vos leaders. Vos leaders continueront à recruter, développer et motiver leurs équipes.

Je suis du même avis : avoir un ou même deux leaders est inestimable. Ceci dit, comment trouver et développer ces rares leaders potentiels motivés et loyaux ?

Vous souhaitez dénicher un leader potentiel qui travaille si bien en votre absence, que vous aurez amplement de temps pour développer un second leader.

Le syndrome du leader contrefait.

Certaines personnes croient être en présence de leaders ou de leaders potentiels, mais elles se trompent.

Au début des années 80, deux grandes compagnies de marketing de réseau firent banqueroute. Certains de leurs distributeurs avaient plus de 50,000 membres dans leurs organisations.

Leur compagnie n'existant plus, bon nombre de ces leaders d'organisations massives partirent à la recherche d'une autre opportunité en marketing de réseau.

Ils approchaient un distributeur de la compagnie X et disaient : « Je recherche un parrain pour intégrer votre compagnie. Je suis intéressé par votre opportunité. Je faisais partie de la compagnie Y qui vient de fermer ses portes et j'avais plus de 50,000 membres dans mon organisation. »

Le parrain potentiel devenait surexcité !

« Wow ! Ce type va joindre mon équipe. Il avait 50,000 membres dans son groupe. Je vais être riche ! Je crois que je vais prendre ma retraite. Je pars pour Hawaï ! »

Hawaï ? Peut-être… mais à dos d'escargot !

Alors le « leader » joint l'équipe. Ce que son nouveau parrain ignorait, c'est que les membres en question n'étaient pas fidèles au soit disant « leader. » Il ne les avait jamais vraiment aidés ou rendu service. Bref, aucune relation privilégiée en place.

Donc, des 50,000 membres dans son organisation, 40,000 ont abandonné l'industrie du marketing de réseau et souhaitent ne plus jamais en entendre parler.

Des 10,000 encore connectés, 9,000 ne connaissaient même pas le « leader » en question.

Des 1,000 membres qui le connaissaient, 950 le détestaient.

Des 50 survivants, environ 45 ne semblaient pas très intéressés par l'opportunité.

Ce qui ne laissait que cinq distributeurs prêts à signer !

Voici donc un « méga leader » qui n'avait en fait qu'un maigre cinq distributeurs en poches. Ça n'est pas ce qu'on pourrait appeler un leader !

Dénicher ces rares leaders.

Les distributeurs vont et viennent. Les leaders sont ceux qui demeurent loyaux envers vous, et envers la compagnie.

Ils développent l'entreprise pour leurs propres motifs. Et ils continueront à développer leur entreprise lorsque vous serez à Hawaï ou en croisière dans les Caraïbes.

Comment trouver de tels leaders ? Comment cultiver cette loyauté ?

Plusieurs distributeurs inexpérimentés vont rechercher un leader qui performe dans une compagnie de marketing de réseau concurrente.

Le distributeur novice pense ainsi :

« Si je fais une offre irrésistible à ce leader, je pourrai peut-être le séduire suffisamment pour qu'il quitte sa compagnie actuelle et joigne mon opportunité. Je crois que je vais lui offrir 500$ de plus par mois que ce qu'il gagne actuellement. »

Ça semble être une bonne idée... en théorie ! Pourquoi ne pas tenter un leader pour qu'il joigne notre groupe ? S'il n'est pas loyal envers son parrain et sa compagnie actuels, ça devrait être relativement facile.

Ça semble être une bonne idée mais... petit problème.

Qu'adviendra-t-il lorsque votre tout nouveau leader, fraîchement soudoyé et transféré, recevra une autre offre légèrement supérieure à la vôtre ?

Supposons que quelqu'un d'autre offre lui offre disons 501$ de plus par mois. Oups ! Votre nouveau leader à peine capturé vient d'être appâté par quelqu'un d'autre !

Voyez-le ainsi. On ne peut tout simplement pas voler des leaders. S'ils ne sont pas loyaux envers leurs parrains et leurs compagnies actuels, ils ne le seront certainement pas davantage envers vous.

De toute évidence, ça n'est pas la méthode que nous recherchons. Regardons autre chose.

Une autre approche.

Ce que vous devez faire, c'est trouver quelqu'un qui n'est pas un leader, quelqu'un de dévoué et d'impliqué qui souhaite apprendre l'ABC du marketing relationnel.

Vous dites à ce leader potentiel :

« Si tu es vraiment sincère, et si tu souhaites vraiment t'impliquer et réussir dans cette industrie, je vais t'aider à réussir. Je vais travailler, travailler, travailler et travailler encore avec toi, t'apprendre ce que tu dois connaître pour devenir un leader, et continuer à t'accompagner jusqu'à ce que tu aies développé une organisation solide et un revenu temps plein. »

Imaginez que vous investissez six mois pour aider cette personne à connaître le succès. Quelle sera d'après-vous la perception de votre nouveau leader envers vous et votre implication dans son succès ? Vous serez pour lui la plus grande invention depuis le pain tranché et la télévision par fibre optique. Ce leader que vous avez créé pourrait même afficher votre photo sur son bureau à coté de sa famille.

Que se passera-t-il selon vous dans six mois lorsqu'un autre distributeur approchera votre nouveau leader pour lui faire une offre…

« Hé toi ! Quitte ce que tu fais maintenant et viens avec moi. Recommence tout à zéro et joins-toi à notre toute nouvelle et fabuleuse opportunité de marketing de réseau. Je sais que tu ne me connais pas et que nous communiquons pour la première fois, mais rassure-toi, je n'ai pas l'habitude de voler des leaders à d'autres groupes. Je serai à tes cotés pour t'aider. Fais-moi confiance… »

Votre leader se dira en lui-même : « Hmm, si cette personne maraude et pige dans les organisations des autres, elle finira probablement par piger dans mon organisation aussi ! »

Votre leader pourrait alors répondre, avec tact, quelque chose comme :

« Je ne sais que peu de choses sur toi. Je sais cependant que je ne peux pas connaître le succès en marketing relationnel si je saute d'une opportunité à l'autre. Et je sais aussi que mon parrain a investi six mois entiers pour m'aider à connaître le succès. Je n'y étais jamais arrivé auparavant. Je lui dois donc une certaine loyauté. Je sais que mon parrain travaillera avec moi encore très longtemps. Je sais aussi que son soutien est bien réel, pas simplement une belle promesse. »

Avec les leaders que vous formez personnellement, vous créez la sécurité. Vous pouvez dormir comme un bébé. Vous n'avez pas à vous soucier des pirates qui sillonnent les réseaux en quête de succès instantané.

C'est donc de cette façon que vous protégez votre entreprise, que vous la construisez sur des bases solides et que vous pouvez soutenir une croissance forte et stable. Personne n'aime devoir prendre les bouchées doubles pour remplacer les leaders et le volume volatils.

C'est une des clés maîtrisées par les superstars en marketing de réseau. Ils développent et conservent leurs leaders.

VÉRITABLE DUPLICATION.

Il y a environ 35 ans, un étranger s'approche de moi en disant qu'il souhaiterait avoir du succès en marketing de réseau. Il dit :

« Je suis prêt à me donner à fond. Je désire devenir un top leader. »

Et bien, durant les six mois qui ont suivis, nous avons pratiquement habité ensembles. Nous avons travaillé ensembles à chaque instant disponible. Nous avons fait de la prospection ensembles. Nous avons fait la navette ensembles. Nous avons fait des présentations deux à un et des meetings de présentations d'affaire ensembles. Nous avons organisé et animé des formations ensembles. Et devinez quoi ?

Après six mois, ce nouveau leader savait tout ce que je savais.

Duplication ?

Non.

C'était encore mieux que ça.

Vous voyez, mon nouveau leader savait tout ce que je savais, et, il possédait son propre bagage et sa propre sagesse. Il était un produit de ma connaissance bonifié par son propre bagage personnel.

Oui, il était devenu un meilleur leader que je l'étais.

Ça n'est pas le moment de devenir jaloux ou furieux. Combien d'entre vous aimeraient avoir recruté personnellement des leaders encore plus talentueux et compétents que vous ? Ça n'est définitivement pas le moment de laisser votre égo prendre le contrôle, parce qu'on parle d'argent… de beaucoup d'argent. C'est une chose extraordinaire que d'avoir des leaders talentueux et compétents dans votre équipe.

Mieux que la simple duplication ? Absolument !

Après avoir formé mon nouveau leader et qu'il m'ait surpassé, devinez ce qu'il a fait ?

Il a tout de suite commencé à parrainer son premier leader potentiel. Durant les 18 mois qui suivirent, il a formé son nouveau leader en émergence. Et à quel niveau croyez-vous que se situait la connaissance de ce nouveau leader après 18 mois de formation intensive sur le terrain ?

1. Il savait tout ce que je savais.

2. Il maîtrisait aussi tout ce que son parrain lui avait enseigné.

3. Il ajoutait à tout ça son propre bagage et sa propre expérience.

Ce nouveau leader en connaissait plus et produisait davantage que son parrain ou encore que moi. Il était plus qualifié en marketing de réseau que nous deux – et il se faisait un devoir de nous le rappeler constamment. Et puis ?

Peu importe puisque dans une période de moins de trois ans, j'avais développé deux bons leaders solides et plus talentueux que je l'étais. J'étais heureux !

Ne le seriez-vous pas ?

TEST D'INTELLIGENCE.

Maintenant, comparons les deux scénarios qui suivent.

Scénario #1 : Vous travaillez fort durant trois ans et recrutez des tonnes de distributeurs. Vous organisez une multitude de présentations d'affaire, réglez des conflits de personnalité dans votre équipe, changez de compagnie une ou deux fois – et au bout de ces trois années, il ne vous reste plus rien.

Scénario #2 : Vous développez un ou deux leaders durant cette même période de trois ans, et vous devenez riche, retraité, vous êtes en sécurité et très, très heureux.

Hmm, choix facile n'est-ce pas ?

Ce sont les leaders focalisés, constants et patients qui développent un leader à la fois et maximisent vraiment les bénéfices d'une carrière en marketing relationnel. Ils savent qu'il s'agit d'une carrière pour la vie, pas d'un emploi.

Une carrière pour la vie ?

Bien entendu. Nous faisons tous du marketing relationnel chaque jour de toute façon, pourquoi ne pas être payés pour le faire !

Faire le tri pour dénicher les leaders potentiels.

Oui, il faut toujours penser en termes de leaders. Tout au long de votre carrière, vous parrainerez des distributeurs. Ceci dit, de temps à autres, vous croiserez quelqu'un qui dira :

« Hmm, peut-être que je pourrais devenir un leader aussi. »

Aider cette personne à devenir un leader demandera beaucoup de travail et beaucoup de temps. Nous ne pouvons pas nous permettre d'investir six mois ou encore une année avec un pseudo-leader. Nous devons être aussi certains que possible que ce leader potentiel est sérieux et sincère dans ses intentions.

Après tout, qui souhaite perdre six mois de sa vie avec un prospect non qualifié ? Ce serait six mois de votre vie que vous ne pourriez jamais récupérer. Le temps est un bien précieux.

LE TEST DE SINCÉRITÉ.

Comment pouvons-nous jauger sincérité et intention ? Voici une façon simple de sonder.

Demandez à votre leader potentiel :

« Qu'est-ce que tu ressens pour cette entreprise ? »

Puis écoutez.

Il existe trois types d'implication. Soyez très attentif. Ça pourrait vous éviter des mois et des mois de perte de temps.

Le premier niveau d'implication ressemble à : « Et bien, je vais essayer. » C'est la forme d'implication la plus faible. Le niveau d'implication d'un distributeur temporaire.

Le second type d'implication se traduit par : « Je ferai de mon mieux. » Bien plus intéressant. Plusieurs de nos meilleurs distributeurs ont affiché ce type d'engagement au départ.

Finalement, il existe un troisième type d'implication, celui où le prospect répond : « Je ferai tout ce qu'il faudra. » C'est le type d'engagement que nous recherchons chez nos leaders potentiels. Mais ça n'est que la première étape. Pour devenir un leader, il leur faudra investir bien davantage mais s'ils n'ont pas dès le départ ce niveau d'intention, vous devriez songer à investir votre temps avec quelqu'un qui le mérite ou qui est disons plus « affamé. »

Écoutez simplement les réponses de vos distributeurs.

« Cette business semble très bien. Je suis prêt à essayer. »

Lorsque votre distributeur dit qu'il est prêt à essayer, qu'est-ce que cela signifie ?

Que s'il ne reçoit pas un chèque dès demain ou si le chèque n'est pas déposé directement dans son compte bancaire, il abandonnera ? Est-ce que ça signifie qu'il va y travailler quelques semaines et, s'il n'a pas de chance, il essaiera autre chose ? Un billet de loterie peut-être ?

Voici ce que cette réponse signifie :

« Je vais l'essayer, ça ne semble pas trop exigent. Ça ne semble pas demander trop de travail. »

Si vous mettez un peu de pression sur son niveau d'implication, il répondra :

« Tu veux dire que je dois absolument assister aux présentations d'affaire ? Je sais déjà comment elles se terminent. Et je dois aussi utiliser les produits ? Pourquoi devrais-je les utiliser ? Tout ce que je veux, c'est en vendre. »

Ou,

« Pourquoi devrais-je assister aux formations ? Je veux simplement être riche. N'y a-t-il pas de raccourci ? »

Bref, nous sommes ici en présence d'un distributeur qui offre le plus faible des niveaux d'implication. Ça n'est pas le leader potentiel que nous recherchons.

Un meilleur niveau d'implication.

Adressons-nous à un autre distributeur :

« Qu'est-ce que tu ressens pour cette entreprise ? »

Puis écoutez.

Sa réponse :

« Je ferai de mon mieux. »

Excellent niveau d'implication n'est-ce pas ? Vous aimeriez bien qu'un de vos distributeurs vous contacte pour vous vous dire :

« Oui, je souhaite être un leader. Je suis prêt à m'impliquer et à faire le maximum ! »

Et vous savez quoi ? Le distributeur fera vraiment son maximum. Ceci dit, si son maximum n'est pas suffisant pour atteindre les sommets, pour devenir un leader, qu'arrivera-t-il ?

Votre distributeur dira :

« Et bien, j'ai fait de mon mieux. J'ai donné tout ce que j'avais. Ça n'a tout simplement pas fonctionné. »

Ça n'a tout simplement pas fonctionné ? ? ?

Ouch !

Ça n'est pas ce que vous souhaitez entendre de la bouche de votre leader « potentiel » après avoir investi six mois.

Il a mis toute la gomme. Il a travaillé fort. C'est un excellent niveau d'implication, mais ça n'a pas fait de lui un leader.

Ce que vous aviez devant vous était en fait un excellent distributeur.

Il n'y a rien de mal à ça.

Nous aimons tous les bons distributeurs dédiés. Mais le niveau d'implication « Je ferai de mon mieux » n'est pas suffisant pour que vous risquiez d'investir six mois de mentorat quotidien.

Vous souhaitez un niveau d'implication plus élevé avant de prendre un « apprenti-leader » sous votre aile.

Le véritable niveau d'implication.

Posons la même question à un autre leader potentiel.

« Qu'est-ce que tu ressens pour cette entreprise ? »

Puis écoutez.

Il répond :

« Je ferai tout ce qu'il faut ! »

C'est exactement le type d'engagement que vous recherchez.

Le type d'implication qui permet de traverser indemne les ouragans de négativité, le rejet des parents, amis et collègues de travail. Ce leader potentiel traversera les épreuves en maintenant le cap sur son objectif.

Lorsque ses amis disent « Non », il se dit tout simplement :

« Tant pis, je vais parler à d'autres gens. »

Lorsque son marché chaud tout entier le rejette, il songe :

« Peut-être que je devrais polir ma présentation et améliorer mes compétentes de communicateur. »

Lorsque la concurrence tente de mettre le grappin sur votre leader potentiel, il répond :

« Ça n'est pas mon opportunité ou votre opportunité qui me rendra riche. Ce sont mes efforts personnels et mon efficacité qui me rendront riche. Je demeure avec mon mentor jusqu'au sommet. »

Vous saisissez à quel point le niveau d'implication peut changer la donne ? Ce sont avec ces derniers que nous souhaitons investir notre précieux temps pour développer des leaders.

Souvenez-vous, il suffit d'un seul leader pour vous assurer une « situation financière enviable. »

Et si vous développez deux leaders, alors vous serez plus riche que vous ne l'auriez jamais espéré. Et si vous croyez avoir trois, quatre ou cinq leaders, et bien vous avez mal calculé ou mal jaugé. Les leaders sont rares, très rares.

Alors ne perdez pas deux ans ou même vingt ans à patauger sur place. Vous serez exténué, blasé, frustré, et vous ne ferez jamais de progrès permanent dans votre entreprise.

Investissez plutôt votre précieux temps en marketing de réseau à développer des leaders.

À QUEL ENDROIT PUIS-JE TROUVER DES LEADERS ?

Et comment les développer ? Quoi leur enseigner ? Questions pertinentes !

Tout le monde souhaite une organisation géante et davantage de leaders dans leur groupe. La vie serait géniale ! Les chèques de commission seraient trop lourds à transporter et nous pourrions regarder la télévision par câble 24 heures par jour.

Alors pourquoi ne pas prendre un raccourci pour bâtir votre entreprise de réseau ? La façon la plus rapide de développer une organisation est à l'aide de leaders.

Nous ne pouvons pas générer une organisation significative en marketing de réseau avec uniquement des distributeurs. Notre temps est limité. Nous pouvons aider et gérer les problèmes de quelques distributeurs seulement. Même les meilleurs distributeurs ont besoin d'aide et de support.

La seule façon de multiplier notre efficacité et notre organisation est de créer des leaders qui se chargeront de leurs propres équipes. Se dupliquer soi-même en créant de nouveaux leaders est la seule façon de développer une organisation substantielle.

Alors par où commence-t-on ?

Définissons d'abord la différence entre un leader et un distributeur en marketing relationnel.

Les distributeurs sont temporaires. Ils vont et viennent dans notre organisation. Parfois, ils travaillent fort et construisent des groupes, parfois ils deviennent de bons clients du produit et parfois ils abandonnent tout simplement. Et c'est très bien comme ça car les distributeurs sont temporaires. Ils ont le droit d'explorer et de prendre ce qui leur convient dans cette industrie.

En fait, voici différentes choses que les distributeurs recherchent :

- La possibilité d'épargner sur leurs propres achats.
- La chance de faire quelques ventes au détail pour les profits.
- Le sentiment d'appartenance à un groupe de gens positifs.
- L'occasion de se développer en tant que personne.
- Quelques chèques vite faits pour payer le relevé Visa.
- Un revenu à temps partiel pour payer les études des enfants.
- Un paiement de voiture.
- Suffisamment d'argent pour se payer des vacances de rêve.

Ce sont toutes d'excellentes raisons de devenir distributeur. Nous devrions aider et supporter nos distributeurs afin qu'ils atteignent leurs buts. Cependant, le fait est que ce support envers les distributeurs ne devrait pas consommer plus de 10% à 20% de notre temps. Pourquoi ?

Parce que les distributeurs ont peu besoin de notre aide.

Certains distributeurs disent :

« Hé, cesse de m'appeler à propos de ces présentations d'affaires. Je ne suis pas intéressé par ces rencontres de formation non plus. Appelle-moi quand le président se déplacera sera en ville ou bien si la compagnie lance un nouveau produit. Sinon, lâche-moi les baskets. »

Encore une fois, tout est OK. Tout ce que nous souhaitons, c'est offrir aux distributeurs ce qu'ils espèrent de notre entreprise. Nous ne voulons pas leur imposer **nos priorités**. Ils apprécieront le fait qu'on les respecte en tant qu'adultes et qu'on les laisse choisir leurs propres objectifs.

Mais n'oubliez jamais que vos distributeurs ont choisi un engagement temporaire. Lorsque les médias tenteront de traîner votre compagnie dans la boue, votre distributeur pourrait bien s'éclipser. Ou lorsque la compagnie oublie de retourner son appel, il pourrait bien fermer son compte. Ou lorsqu'il fait face au rejet en approchant un prospect, sa carrière pourrait bien se terminer subitement.

Les distributeurs vont et viennent, les leaders sont la fondation.

Bien. À ce stade, nous savons tous que les leaders ont plus de valeur que les distributeurs. La plupart des distributeurs sont temporaires et auront un engagement temporaire dans notre entreprise – et que c'est OK comme ça. Comme chacun de nous, ils prendront ce qui leur convient et poursuivront leurs chemins.

Mais les leaders se cramponneront à vous et à votre entreprise pour très longtemps. Alors que choisiriez-vous ?

Un leader ou 100 distributeurs ?

C'est une question facile pour nous. Un leader ! Ceci dit, vous pourriez hésiter :

« J'en conviens, avoir un leader est fantastique, mais peut-être que 100 distributeurs pourraient générer un chèque de commission très intéressant. »

Le problème est que nous devrons **remplacer** ces 100 distributeurs au fil du temps. Alors plutôt que de cultiver et jouir du fameux revenu résiduel accessible en marketing de réseau, nous aurons plutôt créé un travail à temps plein, soit celui de remplacer les distributeurs qui abandonnent le navire.

Lorsqu'on focalise sur les leaders, la façon de développer notre entreprise change.

Les gens me demandent :

« Quel est le secret du succès en marketing de réseau ? »

J'ai en poche une réponse courte que j'utilise depuis plusieurs années. Si vous avez lu attentivement, j'en fais mention au début du livre.

« Pour connaître le succès en marketing de réseau, tout ce que vous devez faire, c'est de développer des leaders et les aider à connaître le succès. »

En d'autres mots, si vous avez l'opportunité d'organiser un blitz de vente au détail pour vos produits de soin de peau ou vitamines ou autres, c'est très bien – mais c'est plutôt un emploi. Ça n'est pas la façon de développer le revenu résiduel disponible en marketing de réseau.

Certes, cette activité fait partie intégrante de votre entreprise, mais cette activité ne sera pas la voie rapide pour devenir le leader que vous souhaitez être.

Vous devez penser différemment si vous souhaitez développer une grande organisation. Vous devrez choisir soigneusement sur **quelles** activités focaliser car vous voulez rapidement devenir un leader. Je vous illustre la différence.

Il y a plusieurs années, je prenais l'avion pour l'Angleterre afin d'y démarrer un groupe. À mon arrivée, un ami à moi, John Church, m'accueille à l'aéroport. Puisque j'avais déjà une relation avec John, il avait déjà choisi d'être distributeur – même s'il n'avait aucun détail.

En débarquant de l'avion, John était déjà là, accompagné par son premier prospect du nom de Brian. J'ai donc dû me lancer et je leur ai offert une présentation désastreuse épuisé par le décalage horaire et Brian a tout de même joint notre équipe. Il n'a pas dit oui grâce à ma présentation, il a accepté parce qu'il était un bon ami de John Church.

Avoir une certaine relation avec un prospect **fait** une différence.

John Church et moi avons ensuite pris la route pour se rendre chez lui afin que je puisse me reposer un peu. Avant d'arriver chez John, son téléphone portable sonne. C'est Brian, notre nouveau distributeur.

Brian demande :

« J'ai un contact, à environ 8 heures d'ici en Écosse, et j'aimerais bien que vous puissiez le rencontrer. Je viens de lui parler au téléphone et il dit qu'il pourrait être intéressé ou peut-être pas. Il est prêt à jeter un coup d'œil à l'opportunité si vous êtes disposés à faire un bout de chemin dans sa direction, disons 6 heures et il conduirait 2 heures pour se rapprocher. »

John me regarda et me dit :

« Six heures ? »

Je répondis :

« Dis à Brian que nous sommes d'accords. Nous sommes en route – et qu'il nous donne le point de rencontre. »

Bien entendu, je n'ai pas pu me reposer tel que prévu. Nous nous donc mis en route vers l'Écosse. Durant le trajet, John n'en pouvait plus :

« Est-ce que nous sommes fous ? ? Six heures de route pour rencontrer quelqu'un qui ne se présentera peut-être même pas ! »

Je lui ai répondu :

« C'est OK. »

John a ravalé sa salive… mais pas très longtemps :

« Qu'est-ce que tu entends par **c'est OK** ? Six heures pour se rendre et six heures pour revenir pour faire une présentation à un prospect semi-engagé qui pourrait bien ne pas se pointer ! »

Je lui expliquai ma façon de voir les choses :

« John, nous n'y allons par pour faire une présentation. Nous faisons six heures de route pour offrir notre support à Brian. Nous désirons qu'il sache que puisqu'il souhaite devenir un leader, nous allons le supporter et l'aider jusqu'au bout, peu importe ce qui pourrait arriver, jusqu'à ce qu'il soit un leader. Le fait que Brian se présente ou pas à notre rendez-vous n'a aucune importance. Nous faisons cette route pour témoigner de notre implication envers son succès. »

C'est une bonne illustration de la différence de focus dans les activités entre un leader et un distributeur. Parce que nous avons choisi de développer des leaders, nos activités changent aussi. Nous allons sélectionner et vaquer à d'autres tâches que le réseauteur typique.

L'exemple de Brian et John devrait transformer la perception d'échec que vous ressentez habituellement lorsqu'un un invité ne se présente pas à une présentation d'affaire ou à un rendez-vous. Vous serez désormais plus Zen et plus focalisés parce que vous vous direz :

« J'ai invité cette personne afin de l'aider à se développer en tant que leader. »

Cette vision nous aide à nous concentrer sur notre tâche parce qu'on sait exactement ce qu'on fait. Ce focus et cette compréhension nous aident à avancer et à progresser dans notre entreprise.

C'est donc ce que j'entends par **changer ce que vous faites** pour développer des leaders plutôt que de vaquer à des activités moins importantes qui consument rapidement votre journée.

Précédemment, je vous ai demandé si vous choisiriez un leader plutôt que 100 distributeurs. Je suis convaincu que vous avez choisi « un leader. » Mais puisqu'il y a toujours des sceptiques dans la salle, considérez cet autre exemple.

Les généraux font la différence.

Imaginons que vous êtes le dictateur suprême de votre pays. C'est plutôt bien comme situation, et vous avez votre propre armée avec, au commandement, cinq fidèles généraux. Vous disposez aussi de 100,000 soldats d'infanterie. (Bien entendu, les généraux représentent les leaders et les soldats d'infanterie, les distributeurs – au cas où vous n'auriez pas détecté l'analogie.)

Voici la suite de l'histoire. Une nuit, je me faufile à travers les lignes ennemies et j'attaque votre armée. Armé de ma ceinture rose en karaté, je file à toute vitesse dans vos rangs et je mets K.O. vos 100,000 soldats d'infanterie à grand coups de tranchant de la main.

Le matin suivant, à votre réveil, il ne vous reste plus que vos cinq fidèles généraux. Tous vos soldats mangent les pissenlits par la racine.

Voici donc la question importante.

Avec seulement cinq généraux, pourriez-vous reconstituer votre armée ?

Bien sûr que oui ! Vous comprenez maintenant l'importance des leaders. Lorsque les choses tournent mal et que tout le monde abandonne le navire, vous pourrez toujours reconstruire votre organisation si vous avez formé des leaders fidèles.

Et si l'opposé s'était produit ? Si je m'étais faufilé dans vos tranchées durant la nuit pour kidnapper vos cinq généraux, à quoi ressemblerait le tableau ?

Le matin suivant, à votre réveil, il ne reste plus que 100,000 soldats d'infanterie sans leader ni chaîne de commandement. Les soldats se mettent à marcher en cercle, à tirer dans tous les sens, à marcher dans les latrines et à s'égarer sur le champ de bataille. C'est un désastre !

Vous comprenez ? Les généraux sont la clé.

Certains réseauteurs développent des leaders. Les autres sont tout simplement occupés.

Comment expliquer que certains réseauteurs mettent l'épaule à la roue durant quelques années et peuvent finalement se retirer et profiter de la vie ? Ils ont tout simplement choisi d'investir leurs efforts sur le développement de leaders.

Les autres réseauteurs ? Ceux qui se sont étourdis à se tenir occupés ? Et bien, ils sont encore occupés.

Si vous n'êtes pas convaincus que le fait de développer des leaders est crucial à ce stade du livre, et bien je ne sais pas ce que je pourrais ajouter...

D'accord, D'accord ! Trouvons quelques leaders !

Nous avons besoin d'un plan, étape par étape. Ce sera chose facile pour moi car j'ai étudié en ingénierie. Si vous n'êtes pas familier avec les ingénieurs, nous avons besoin d'un plan étape par étape pour à peu près tout. C'est la raison pour laquelle nous avons de la difficulté à danser sans un plan et des instructions. Et on ne nous a jamais fourni de manuel pour agencer nos vêtements. En fait, nos goûts vestimentaires sont tout simplement... différents.

Par exemple, lorsque nous, ingénieurs, marchons, nous avons un plan. Nous suivons pas à pas la méthodologie : « Pied gauche, ensuite le pied droit. Pied gauche, ensuite le pied droit, etc. »

Fin de la parenthèse, retournons à la conception de notre plan. Nous allons créer notre super plan en trois étapes. En maîtrisant chacune des étapes, une à la fois, nous arriverons à créer une organisation de leaders.

Étape #1 : Définir ce qu'est un leader.

Étape #2 : Comment dénicher des leaders.

Étape #3 : Quoi enseigner aux leaders.

ÉTAPE #1 : DÉFINIR CE QU'EST UN LEADER.

Avant de partir à la recherche de leaders, ne serait-il pas une bonne idée de savoir à quoi ressemble un leader ?

C'est beaucoup plus facile de trouver quelqu'un lorsqu'on sait à quoi il ressemble.

Lors d'une récente formation téléphonique, j'ai demandé à mon groupe :

« Est-ce que quelqu'un sur la ligne aurait une bonne définition de ce qu'est un leader ? »

Les réponses furent :

- Quelqu'un prêt à faire un pas en avant et qui encourage les autres.
- Quelqu'un qui s'assure que ce qui doit être fait soit fait.
- Quelqu'un d'enseignable.
- Quelqu'un qui est à l'aise avec les gens, un bon communicateur.
- Quelqu'un qui possède une vision.
- Quelqu'un qui souhaite apprendre et réussir.
- Quelqu'un qui s'engage dans les actions nécessaires pour atteindre le sommet.

C'est la liste extraite de cet appel. Les autres participants gardaient le silence. Je crois qu'ils n'avaient jamais vraiment réfléchi à cette question. Je peux donc difficilement imaginer comment ils pouvaient rechercher des leaders sans en connaître les caractéristiques.

Quelle est ma définition d'un leader ?

Je possède **trois** définitions d'un leader. Elles ne constituent pas les seules définitions possibles. Ce sont tout simplement trois définitions qui précisent ce que l'on recherche.

La première définition que j'ai entendue provient d'un homme appelé Tracy Dietrich, originaire de Dallas, Texas. Il dit que les leaders sont :

Des étudiants professionnels de l'industrie.

En d'autres mots, les leaders prennent le temps de lire le manuel de vente qui fait partie de leur trousse de démarrage. Cette définition implique que la majorité des lecteurs de ce livre sont des leaders. Nous sommes des étudiants du marketing de réseau – toujours en quête de nouvelles idées et connaissances.

Les leaders écoutent des audio de formation, lisent des livres, se pointent aux meetings et, à moins d'un imprévu majeur, prennent part à la convention annuelle de leur compagnie. Vous verrez les leaders suivre de près les leaders actifs, tendant l'oreille en quête d'une bonne idée, d'une clé de succès.

J'aime cette définition. Elle permet un repérage plus facile de leaders. Vous n'avez qu'à vous pointer à un rencontre de formation et vous verrez des chaises remplies de leaders. Les leaders ont soif d'apprendre.

Ça semble parfaitement logique. Mais quelle est ma seconde définition d'un leader ?

Cette définition est un peu plus complexe à expliquer mais facile à **observer**.

Imaginons que vous décidez de prendre des vacances à Hawaï. Vous manqueriez alors votre présentation d'affaire locale hebdomadaire. Quelqu'un devra diriger et organiser la rencontre pour vous.

Un leader dirige la présentation d'affaire, s'assure que la table de produit est bien en place, acquitte la facture pour la salle, assume l'entière responsabilité du bon déroulement du meeting.

Et vous n'avez pas besoin de faire un appel d'Hawaï pour vous assurer que le travail a été fait.

En d'autres mots, vous êtes en vacances et vous n'avez pas à vous faire du souci ou surveiller quoi que ce soit. Le leader était heureux que vous partiez puisqu'il pouvait enfin prendre les rennes.

Voilà donc une autre excellent définition d'un leader. Quelqu'un qui développe son entreprise sans avoir besoin de votre support constant et de votre motivation. C'est quelqu'un dont vous n'avez pas à vous soucier.

La troisième définition d'un leader est la plus difficile.

Cette définition sépare les faux leaders des véritables leaders. La voici :

Le leader est quelqu'un qui gère les problèmes.

Supposons qu'il survient un problème dans l'équipe. Michel n'a pas reçu sa commande ou Marie a parlé plus longtemps que Alain au meeting ou, votre compagnie a eu mauvaise presse dans les journaux ou quoi que ce soit d'autre.

Le leader gère le problème.

Votre leader appellera le bureau chef pour faire un suivi de la commande de Michel, aidera à Alain à comprendre pourquoi Marie a parlé plus longtemps au meeting. Il rassurera et aidera les distributeurs dévastés par cette mauvaise publicité dans les journaux.

Le test de leadership est celui-ci :

Est-ce que le problème se rendra jusqu'à vos oreilles dans la ligne de support ?

Si vous avez un distributeur qui pense être un leader – mais qu'il vous transfert toujours les problèmes – ne le classez pas dans la catégorie leader.

C'est une épreuve difficile, mais elle extrait les leaders de la foule.

Nous avons maintenant trois descriptions claires de ce qu'est un leader. Nous savons exactement ce que nous cherchons.

Maintenant que nous pouvons repérer les leaders tel un aigle planant dans un ciel dégagé, nous pouvons passer à la seconde étape de notre plan :

Étape #2 : Comment dénicher des leaders.

ÉTAPE #2 : COMMENT DÉNICHER DES LEADERS.

Très simple.

Il n'existe que deux façons de trouver des leaders.

La première façon de mettre le grappin sur un leader, c'est par le maraudage. Nous avons déjà discuté un peu plus tôt de la façon de penser du nouveau distributeur :

« Peut-être que si je fais une offre irrésistible à ce leader, je pourrai l'extirper de son organisation. Il quittera sa compagnie actuelle pour joindre mon opportunité. Tiens, je vais lui offrir 500$ de plus par mois que ce qu'il gagne actuellement. »

Ouch !

Si ce leader peut être soudoyé une fois, il pourra l'être à nouveau.

Nous pourrions donc voler des leaders, mais petit problème : notre destin serait entre les mains de leaders temporaires. Cela implique que nous devrions passer le reste de notre vie à remplacer leaders après leaders n'est-ce pas ? Ça n'est pas ce que nous recherchons.

Vous voyez, beaucoup de distributeurs recherchent des leaders en plaçant des annonces. Ils tentent de les persuader de joindre leur opportunité parce que les frais d'entrée sont 1/10 de cent moins élevés et le plan de rémunération offre 1% de plus. Mais qu'arrive-t-il lorsque quelqu'un d'autre leur offre 2/10 de cent moins cher et 2% plus de commissions ?

Le leader temporaire quitte le navire aussitôt.

De plus, les leaders ne sont habituellement pas à la maison en train de se tourner les pouces et répondre aux appels désespérés de recruteurs potentiels. Les leaders n'attendent personne. Ils sont sur le terrain ou occupés à développer leur entreprise.

Remplacer des leaders potentiels est un travail à temps plein. Ça n'est pas la recette pour développer une organisation permanente et loyale en marketing de réseau.

Nous avons fait le tour du jardin alors inutile de discuter plus longuement de cette option farfelue qu'est le vol de leaders. Ça n'est pas notre stratégie, nous voulons des revenus permanents.

Alors quelle est la seconde option pour dénicher des leaders ?

La seconde option pour obtenir des leaders est de les fabriquer de toutes pièces.

En d'autres mots, nous allons trouver un distributeur qui n'est **pas** encore un leader. Nous allons ensuite lui **enseigner comment** devenir un leader.

Mais il y a un autre défi ! Si ce distributeur n'est **pas** encore un leader, il ressemblera **en tous points** à n'importe quel autre distributeur non ? Alors à quoi ressemble un leader potentiel ?

Profile d'un leader.

À un événement de leadership, j'ai demandé aux leaders de se lever, de regarder les autres leaders autour d'eux, et d'observer combien d'entre eux leur ressemblaient.

Après avoir observé tout autour, les leaders n'arrivaient pas à trouver quelqu'un comme eux.

La leçon à retenir ?

Ne perdez pas trop de temps à tenter de faire en sorte que les autres soient comme vous, agissent comme vous, fassent exactement les mêmes choses que vous, etc.

C'est tout à fait acceptable et probable d'avoir des leaders qui ne sont pas une copie carbone de vous. Laissez-leur la liberté de développer leur entreprise comme ils l'entendent.

Un « système » ne conviendra pas à tout le monde. Avoir un système est excellent et important. La plupart des nouveaux distributeurs souhaitent avoir un système. Souvenez-vous simplement qu'il n'y a pas de recette universelle.

Alors que recherchons-nous ?

Comment déterminer qui a l'étoffe d'un leader ? Comment éviter de perdre du temps à former la mauvaise personne, celle qui ne sera jamais un leader ?

Vous avez déjà travaillé avec quelqu'un d'enseignable, toujours dans l'action, désirant devenir un leader – mais cette personne n'est **jamais** devenue un leader ? Ça vous est déjà arrivé ? Vous avez déjà vécu cette perte colossale de temps et d'efforts ?

C'est un sentiment de frustration qui résume bien mes 15 premières années en marketing relationnel.

Voici comment j'opérais. Je disais :

« Si tu souhaites devenir un leader, allons-y ! »

J'emménageais pratiquement chez le distributeur qui s'engageait. Nous parcourrions les quatre coins du pays ensemble. Nous faisions nos téléphones ensembles. Nous organisions des meetings ensembles. Je lui enseignais tout ce que je savais.

Et la plupart du temps, il ne se transformait pas en leader.

J'y ai perdu un temps fou. Le distributeur aussi. Et rien de permanent n'a été construit.

Tout a changé lorsque j'ai rencontré un homme, Tom Paredes. Il m'apostropha et dit :

« Big Al, tu es un idiot. »

Bien entendu, il a immédiatement capté mon attention. Je pensai tout bas :

« Je dois écouter ce gars. Il a raison. Il dit la vérité. J'ai perdu tout ce temps à travailler comme un fou pour former les mauvaises personnes. »

Tom Paredes poursuivit :

« Si tu acceptes de former quiconque dit vouloir devenir un leader, ça ne fonctionnera pas. Parler c'est trop facile. »

Alors, je lui ai posé la question évidente :

« Alors comment déterminer qui former et qui écarter ? Tout le monde souhaite devenir un leader. Ils me l'ont dit. Comment choisir le bon cheval ? »

Tom Paredes répondit :

« Tu leur fait tout simplement passer un test. »

Je me suis donné une tape sur le front. J'avais perdu 15 années ! Pourquoi n'avais-je jamais fait passer de test à mes leaders potentiels ? Bien, parce que... je n'y avais jamais songer. Un vieil adage qui dit :

« Ne croyez pas ce que les gens disent, observez plutôt ce qu'ils font. »

Maintenant que je savais qu'il me fallait faire passer un test à mes candidats, une autre question évidente me traversa l'esprit.

« Tu as raison ! Quel type de test devrais-je faire passer ? »

Encore une fois, Tom Paredes avait une réponse simple à ma question :

« Tu leur donnes un livre ! Demande-leur de le lire et avise-les que tu vas les rappeler dans trois jours pour discuter du contenu. »

La lumière apparaissait au bout du tunnel.

Imaginez que vous me parrainez dans votre entreprise. Je vous dis avec conviction que je souhaite apprendre et devenir un leader. Vous me dites alors :

« Big Al, voici un excellent livre pour t'aider à développer ton entreprise. Je sais que tu souhaites devenir un leader. Nous sommes lundi aujourd'hui. Pourquoi ne pas se rencontrer jeudi pour discuter de ce livre ? Je t'enseignerai comment utiliser les principes dans ce livre afin de développer ton entreprise. »

Bien entendu, je vous remercie pour ce livre et je me dis impatient de vous rencontrer à nouveau ce jeudi. Le jour venu, vous me contactez par téléphone pour un suivi.

Je me confonds en excuses…

« Et bien, je n'ai pas pu livre le livre lundi parce que c'était soirée football à la télé. Et mardi, j'ai du faire du temps supplémentaire au travail. Chaque mercredi, c'est notre soirée familiale. Toute la famille fait une sortie et ça me permet de regarder la télé en paix. Je n'ai donc vraiment pas eu de temps pour la lecture. »

Que penseriez-vous de ma candidature après ce premier test ?

Vous vous diriez :

« Hmmm. S'il n'a pas trouvé le temps de lire ce livre, quelles sont les chances qu'il fasse l'effort d'amener des invités aux meetings ? De se brancher à d'autres formations et d'écouter des fichiers audio ? De se rendre aux conventions annuelles ? De négocier les problèmes et les difficultés sur la route vers le sommet ? »

Ce premier échec au test n'indique pas nécessairement que je ne serai jamais un leader. Il indique tout simplement qu'en ce moment, dans ma vie, je ne suis pas prêt à prendre cet engagement. Ça ne veut pas dire non plus que je suis une méchante personne. C'est simplement un indice que je ne suis pas disposé à faire les efforts pour devenir un leader en ce moment.

Il est très important de faire passer ce test **avant** d'investir votre temps à former un distributeur qui **dit** souhaiter devenir un leader. Si nous ne le faisons pas, tout le temps investi avec un distributeur non engagé est perdu.

Et notre précieux temps, un autre distributeur qualifié pourrait en faire bon usage dans sa quête de leadership.

Et si le scénario était différent. Si vous me donniez un livre à lire et un rendez-vous trois jours plus tard et que je vous appelais le lendemain à 6 heures du matin en débitant rapidement :

« Je sais qu'il est tôt, mais je suis survolté et très excité. J'ai surligné un peu partout dans le livre et j'ai fait un résumé. Je sais qu'il est six heures du matin, mais pouvons-nous déjeuner ensembles. Si nous faisons vite, nous pouvons nous rencontrer à 6h30 et parler de ce livre avant que j'entre au boulot. »

Même test, résultat différent !

Ka-ching !

Nous avons ici un gagnant. C'est un test tout simple, mais il fait toute la différence.

Ah oui, j'oubliais. Je ne vous ai pas mentionné quel livre leur fournir pour le test n'est-ce pas ?

Bien entendu, vous pouvez leur offrir un livre de la collection « Big Al » parce qu'ils y découvriront des compétences très utiles en marketing relationnel. N'importe quel de mes livres fera l'affaire.

Le livre que vous utilisez pour le test n'a aucune importance !

Pourquoi ? Parce que c'est simplement un test. Votre objectif est d'observer **l'action** qui sera posée par votre leader potentiel. Souvenez-vous, presque tout le monde **dira** vouloir devenir un leader, mais parler c'est facile. Vous devez vérifier si les bottines suivent les babines.

Alors si vous n'avez pas de livre sous la main, vous pouvez même leur tendre un magazine National Geographic ! Ça n'a pas d'importance ; vous surveillez l'action.

Et si vous n'avez aucun livre ni magazine, que pourriez-vous utiliser d'autre pour le test ?

Vous pourriez utiliser une vidéo, un fichier audio, ou inviter votre leader potentiel à se brancher sur un appel conférence – ou l'envoyer au dépanneur pour chercher du lait et des biscuits. Ça n'est qu'un test.

Mais si vous n'avez aucun livre, audio ou même une vidéo, vous devriez d'abord vous questionner sur **votre** leadership.

Danger ! Danger ! Risques de déprime !

Lorsque vous mettez à l'épreuve vos candidats au leadership, je dois vous mettre en garde :

Vous pourriez sombrer dans une profonde déprime.

Maintenant que vous avez découvert le pouvoir et l'importance de ce test, vous voudrez vite attraper un livre et faire passer le test à votre beau-frère, vos amis, et à vos meilleurs distributeurs.

Vous pourriez avoir des attentes trop élevées envers ces personnes.

Laissez-moi vous raconter une histoire à propos d'un de mes amis au Canada. Son entreprise de marketing de réseau se portait plutôt bien. Après avoir entendu parler de ce test de leadership, il a décidé de mettre à l'épreuve quelques uns de ses distributeurs.

Il m'appela un an plus tard pour me dire :

« J'ai suivi ton conseil l'année dernière et j'ai soumis mes meilleurs distributeurs à ton test de leadership. Je leur ai donné un livre à lire. Voici ce qui s'est passé. Tous mes soit disant leaders potentiels ont échoué ! Ce fut comme recevoir une gifle, j'ai sombré dans la déprime.

« Voici ce que j'ai fait ensuite. J'ai fait passer ce même test à plusieurs seconds violons dans mon organisation. Tu sais, les gens qui conduisent des voitures ordinaires, avec un carnet de contacts plutôt dégarni, un vocabulaire plus restreint, et peu d'aptitudes pour la vente. Des distributeurs ordinaires avec beaucoup moins d'envergure que mes distributeurs vedettes.

« Encore une fois, la plupart de ces distributeurs moyens ont échoué. Cependant, quelques uns ont passé le test et j'ai investi mon temps et mes énergies durant cette dernière année avec ceux-ci. Ce fut l'année la plus productive de ma vie !

« Je n'ai pas à appeler ces distributeurs pour qu'ils se pointent aux meetings, ce sont **eux qui m'appellent** pour s'assurer que j'y serai. Nous avons un bassin de gens extrêmement positifs à nos présentations d'affaire – des gens motivés, des gens qui font bouger les choses. Ce fut une année fantastique ! »

La raison pour laquelle je vous raconte cette histoire n'est pas parce qu'elle affiche une fin heureuse.

Je vous raconte cette histoire parce voici ce qui se produira une fois que vous aurez lu ce livre.

Vous imposerez ce test de leadership à plusieurs de vos meilleurs distributeurs et la plupart vont échouer. Et vous vous direz :

« Je sais que mon beau-frère ferait vraiment, vraiment un super leader. La raison pour laquelle il n'a pas lu livre est que... »

Et vous commencerez à inventer des excuses pour les gens qui ne sont pas prêts à devenir des leaders.

Et vous continuerez à gaspiller votre temps avec des gens très gentils et pleins de potentiel, mais qui n'ont pas réussi le test de leadership - et qui ne deviendront probablement jamais des leaders. C'est mauvais pour votre entreprise.

Alors soyez prêts à vivre des déceptions. Ne vous responsabilisez pas pour **leurs** résultats au test. Vous recherchez simplement les distributeurs qui passent le test et souhaitent se mettre en mouvement... maintenant.

N'investissez pas de temps de formation en leadership avec des distributeurs qui ont échoué le test.

Laissez-moi vous donner un exemple de conversation que vous aurez avec les distributeurs qui n'auront pas passé le test de leadership.

***

Distributeur : Cela fait déjà trois mois que je développe mon entreprise et je ne fais tout simplement pas d'argent. Cette compagnie ne fonctionne pas.

Big Al : Étrange. Elle semble fonctionner pour certains. Et si elle fonctionne pour certains et ne fonctionne pas pour d'autres, alors peut-être que ça n'est pas la compagnie qui est en cause. Il doit y avoir d'autres facteurs.

Distributeur : Et bien, les produits sont trop chers. C'est la raison pour laquelle ça ne va pas.

Big Al : Étrange. Je croyais que tout le monde dans la compagne avait accès aux mêmes produits. Je doute que les leaders aient accès à des produits spéciaux et à une liste de prix différente. Les leaders travaillent avec les mêmes produits que les distributeurs. Hmm, je ne crois pas que ce soit les produits qui soient en cause non plus.

Distributeur : Si le plan de rémunération était plus généreux, il serait plus facile de courtiser les prospects. Pourquoi la compagnie ne paie pas davantage sur les recrutements personnels ?

Big Al : Étrange, je crois que les leaders ont le même plan de rémunération que les autres distributeurs.

Distributeur : Alors qu'est-ce que tu essaies de me dire ? Est-ce que tu insinues que c'est ma faute ? Tu mets en doute mon leadership ?

Big Al : Et bien, jetons un coup d'œil. Est-ce que ça t'irait si je te posais quelques questions sur ta façon de développer ton entreprise ?

Distributeur : Bien entendu. Vas-y.

Big Al : Lorsque tu fais des présentations aux prospects, est-ce que tu connais les trois raisons qui motivent les prospects à joindre ton opportunité ?

Distributeur : Euh.. Trois raisons ? Bien, je ne peux pas répondre à ça. Je ne suis pas certain de connaître les trois raisons qui incitent les prospects à joindre notre opportunité.

Big Al : Lorsque tu t'adresses aux prospects, est-ce que tu réponds aux trois questions qui permettent aux prospects de prendre une décision éclairée et joindre ou ne pas joindre ?

Distributeur : Trois questions importantes tu dis ? Ça ne me dit rien. Peut-être que je ne réponds pas à ces questions durant ma présentation.

Big Al : Lorsque tu offres une présentation, quelle est la première phrase que tu utilises pour capter l'attention du prospect et le mettre dans ta poche plutôt que de le rendre sceptique et qu'il croise les bras en s'enfonçant dans sa chaise ?

Distributeur : Et bien, j'improvise au fur et à mesure. Je ne sais pas vraiment quelle phrase utiliser pour capter l'attention des prospects. Mais ça n'a pas vraiment d'importance puisque je n'ai presque pas de rendez-vous de présentations de toute façon.

Big Al : Pas beaucoup de présentations tu dis ? Alors quelles sont les deux phrases que tu utilises pour obtenir des rendez-vous ? En utilisant les deux bonnes phrases, tu peux obtenir un rendez-vous avec près de 100% des gens à qui tu parles.

Distributeur : OK, je n'ai aucune idée. C'est peut-être la raison pour laquelle je n'arrive pas à générer des rendez-vous de présentations.

Big Al : Tu rencontres quelqu'un à une soirée. Tu penses qu'il pourrait être un super prospect pour ton entreprise. Quelle question simple de huit mots utilises-tu pour gagner sa confiance ?

Distributeur : Je ne sais pas.

Big Al : Et quelle question à sept mots pourra capter l'intérêt de ton prospect instantanément ?

Distributeur : Je comprends que je pourrais faire mieux si je savais quoi faire et quoi dire.

Big Al : Quel est le meilleur endroit pour trouver de bons prospects ?

Distributeur : J'aimerais bien savoir où trouver les bons prospects.

Big Al : Comment arrive-tu à transformer les prospects neutres en bons prospects ?

Distributeur : Aucune idée.

***

Voici comment la conversation s'est déroulée.

Frustrant n'est-ce pas ? Certains distributeurs veulent de gros chèques de commissions, mais ils n'investissent pas le temps et l'énergie pour acquérir les compétences nécessaires pour y arriver.

Et voici la partie triste, très triste de cette conversation.

Toutes les réponses aux questions que je lui ai posées sont sur les CD de formation que je lui ai **prêtés** deux mois plus tôt !

Alors plutôt que d'assimiler et mettre en pratique des connaissances, le distributeur a échoué le test de leadership et regardé la télévision. Il a fait quelques appels non fructueux, et s'est convaincu lui-même que « cette business ne fonctionne pas. »

Et bien, il a raison. « La business ne fonctionne pas. » **Nous fonctionnons.**

J'ai fait un travail plutôt médiocre en couvrant cette information très importante avec mon nouveau distributeur lors de son adhésion. Il n'est pas totalement coupable. Difficile de savoir « ce qu'on ne sait pas. »

Quelqu'un doit sensibiliser les distributeurs à ce qu'ils ne savent pas. C'est une partie de notre rôle en tant que leaders. Nous ne pouvons pas présumer que les nouveaux distributeurs savent tout ce qu'il faut apprendre et maîtriser pour connaître le succès dans cette industrie. Mais n'oubliez pas, avant d'investir temps et énergie en coaching, assurez-vous que le distributeur passe d'abord le test de leadership.

Vous pouvez courir avec 1000 leaders, mais vous ne pouvez en remorquer… qu'un seul !

Nous pouvons ériger une équipe énorme sans leaders. Et nous ne pouvons pas former de leader si nous devons remorquer tout le monde à chaque étape de l'ascension.

Passons à autre chose. Nous avons fait passer le test de leadership à nos distributeurs et identifié ceux qui **ressemblent** à des distributeurs ordinaires et **agissent** comme des distributeurs ordinaires ; mais ils sont spéciaux. Ces quelques élus seront désormais **formés** pour devenir des leaders.

Voici la question à 64,000$!

Vous vous souvenez de l'étape #3 ? Sinon, laissez-moi vous rappeler les trois étapes de notre plan.

Étape #1 : Définir ce qu'est un leader.

Nous avons trois définitions. Cette étape est simple.

Étape #2 : Comment dénicher des leaders.

C'est ce que nous venons de couvrir. Bien sûr nous pouvons aussi trouver des leaders déjà formés, mais ils sont habituellement des leaders temporaires. La seule façon viable de développer des leaders permanents est de former des distributeurs ordinaires (qui ont passé le test de leadership), et d'en faire des leaders.

Étape #3 : Quoi enseigner aux leaders.

Oui, c'est la grande question. Que savent les leaders **qu'ignorent** les distributeurs.

Pourquoi ne pas regarder ça maintenant ?

ÉTAPE #3 : QUOI ENSEIGNER AUX LEADERS.

Regardez les choses sous cet angle. Vous avez enseigné à votre nouveau distributeur les rudiments du métier – c'est-à-dire :

- Tout ce qui touche les produits.
- Tout ce qui concerne la compagnie.
- Comment être loyal.
- Comment établir la connexion avec les prospects.
- Quelques phrases pour briser la glace et générer des présentations.
- L'art de réseauter.
- Comment demeurer positif.
- Comment parrainer efficacement.
- Comment vendre des produits au détail.
- Comment multiplier ses efforts, etc., etc., etc.

Après lui avoir enseigné toutes ces compétences importantes, vous avez entre les mains un distributeur bien entraîné – **mais vous n'avez pas un leader !**

Alors vous décidez qu'il est temps de faire passer votre distributeur au niveau supérieur, soit devenir un leader.

Qu'allez-vous lui enseigner ?

Que doit savoir ce distributeur pour devenir un leader ?

Excellente question !

J'aimerais que vous cessiez votre lecture maintenant et que vous preniez le temps de réfléchir à cette question. Pourquoi ? Parce que les réseauteurs occupés que nous sommes sont tellement absorbés par le développement de leurs entreprises que nous oublions souvent de s'arrêter, de réfléchir et de planifier précisément ce que nous **devrions** faire.

Voici donc votre chance de planifier. Rédigez dans l'espace qui suit, le plus précisément possible, ce que vous devriez enseigner à votre leader potentiel. Mise en garde : votre liste devrait être très différente de la liste que nous avons dressée plus haut.

Si vous êtes comme la plupart des gens à qui je parle, vous n'avez rien écrit dans l'espace que je vous ai offert ici. Je ne voudrais pas vous paraître sadique, mais j'adore poser cette question. Je parcours le monde pour animer des ateliers de formation et je pose souvent la question :

« Maintenant que vous avez enseigné à votre distributeur à être compétent dans ce qu'il fait, à être positif, à se dupliquer, etc. ; **qu'allez-vous lui enseigner** afin qu'il acquiert les aptitudes d'un leader ? »

Et la réponse est, en général, un silence complet.

Les gens fixent le plafond ou adoptent le regard du chevreuil effrayé. Cette question paralyse les réseauteurs parce que nous n'avons jamais véritablement réfléchi à la question.

Ils enseignent à leur distributeur à être positif.

C'est très bien, mais tout ce qu'ils ont créé, c'est un distributeur plus positif.

Ou ils emménagent avec leur distributeur.

C'était mon plan, très mauvais, à l'origine.

Chaque heure de réveil est investie pour enseigner de nouvelles compétences à leur distributeur. Ils voyagent avec le nouveau distributeur. Ils font des présentations avec lui. Ils assistent aux séminaires et aux conventions régionales avec lui.

C'est très bien.

Les leaders construisent et soudent leur relation avec le nouveau distributeur. Cependant, tout ce qu'ils ont accompli, c'est le développement d'une **grande amitié** avec le distributeur. Avoir des amis est important. Mais que diriez-vous plutôt de développer un leader ou deux afin de générer suffisamment d'argent pour passer du temps avec les bons amis que vous avez déjà ?

Les choses dégénèrent.

Est-ce que les distributeurs vous font perdre votre temps ?

Ça vous est déjà arrivé ? Vous vous êtes déjà dit :

« Ce distributeur ferait un grand leader. Je vais me coller à lui, voyager avec lui, l'aider à devenir positif, et lui enseigner tout ce que je sais. »

Et qu'arrive-t-il ? La plupart du temps, cul-de-sac. Tous nos efforts et formations ont été inutiles. Notre distributeur ne devient pas le leader espéré. Pire encore, il quitte parfois votre organisation.

Et voila ! Six mois, un an, ou même plus de temps investi et perdu !

Tout ce temps et ces efforts -- **et rien à en retirer.** Nous n'avons pas seulement perdu notre temps, mais celui de notre distributeur aussi.

Est-ce que nous enseignerions les mauvaises choses ?

Afin de savoir ce qu'il faut enseigner aux distributeurs pour les transformer en leaders... nous devons d'abord identifier la véritable différence entre leaders et distributeurs. Et quelle est cette différence ?

- Sont-ils plus grands ?
- Plus beaux et plus sexys ?
- Demeurent dans des quartiers plus chics ?
- Conduisent des véhicules différents ?
- Mémorisent avec plus de précision les présentations ?
- Possèdent des personnalités plus extraverties ?
- Sont plus focalisés et plus motivés ?

Voici la véritable différence.

La seule véritable différence entre leaders et distributeurs est :

Leur façon de penser !

Face à chaque situation et chaque problème, le leader pense différemment du distributeur.

Voilà ! Alors si nous pouvons apprendre à notre distributeur à penser **différemment** devant les problèmes, défis ou situations particulières... nous aurons alors à nos cotés un leader mieux entraîné ! Fantastique !

Comment allons-nous y arriver ? Nous allons dresser une liste des problèmes, défis et situations particulières et nous allons rédiger :

1. Comment penserait un distributeur et,

2. Comment penserait un leader.

Une fois notre liste complétée, nous pourrons commencer à former notre leader potentiel, celui qui a d'abord franchi notre premier test de leadership. Lorsqu'un problème, un défi ou une situation se présente, nous allons prendre notre leader à l'écart et lui dire :

« Il y a deux façons de voir cette situation – avec les yeux d'un leader et ceux d'un distributeur. Laisse-moi te faire voir la différence. »

Nous allons alors lui expliquer clairement la différence entre les deux façons de penser.

Un leader potentiel ne peut pas apprendre ce qu'il ne sait pas.

Nous devons lui fournir la connaissance afin qu'il assimile cette nouvelle façon de penser.

Si vous ne le faites pas, votre leader potentiel ne se développera jamais, pataugera indéfiniment et s'affairera à apprendre et à mémoriser toutes sortes d'informations qui ne l'aideront pas à se transformer en leader. Votre leader potentiel deviendra complètement frustré !

Voici ce que m'est arrivé. C'était en 1974, j'avais déjà investi quelques années dans mon entreprise de marketing de réseau et je souhaitais ardemment devenir un leader.

Un des leaders reconnus de notre compagnie vint à notre rencontre de formation locale et dit :

« Je vais vous enseigner ce soir comment devenir des leaders. »

J'étais vraiment excité. J'étais pendu à ses lèvres, assis dans la toute première rangée – en fait, j'étais plutôt dans la seconde rangée pour éviter d'être appelé à titre de volontaire devant le groupe.

Le fameux leader en question s'adresse au groupe et dit :

« Si vous souhaitez être un leader, soyez plus positifs. »

Je suis assis et je me dis :

« Pourriez-vous être un peu plus spécifique ? Ça ne m'aide pas du tout. J'ai besoin de quelque chose de tangible à assimiler. J'ai été formé pour être un bon employé toute ma vie. Mes professeurs m'ont suggéré de me trouver un bon emploi. Mon employeur me dit de travailler fort afin qu'il puisse avoir une promotion. J'ai la mentalité d'un employé et on doit me dire **exactement** ce qu'il faut faire. »

J'ai quitté ce meeting totalement frustré. Je n'y ai acquis aucune des informations et connaissances dont j'avais besoin pour avancer. Pire encore, **j'ignorais toujours quoi changer** pour devenir un leader.

Est-ce que vos leaders potentiels vivent la même frustration ?

Si tel est le cas, soulageons leur frustration et enseignons-leur précisément **comment** et **quoi** penser face à chaque problème, défi et situation.

La meilleure façon d'illustrer le fonctionnement de la technique est de vous donner un exemple typique que vous pourrez utiliser sur le champ. Commençons.

Imaginez que vous vendez un produit. Vous cognez à la porte de votre voisin pour lui vendre votre produit puis, vous revenez à la maison. Vous contactez le bureau chef pour commander le produit et… il est en rupture de stock !

Si cette situation se produisait, comment réagiriez-vous ? Vous diriez-vous :

« C'est terrible ! J'ai pris l'argent de mon voisin et je ne peux pas lui livrer de produits. Il sera furieux contre moi. Et il fera courir le bruit que je suis malhonnête dans tout le voisinage. Ma réputation sera ruinée. Je ne pourrai plus jamais montrer mon visage. Tous les voisins vont se moquer de moi. Ma compagnie n'est même pas capable de maintenir un inventaire. Ça n'est pas sorcier ! Si ma compagnie ne peut même pas gérer un inventaire, elle ne pourra probablement pas émettre nos chèques de commissions. Elle est probablement incapable d'embaucher et licencier des employés aussi. En fait, je suppose qu'elle n'a même pas d'employés, il n'y a que des répondeurs. La compagnie va sans doute bientôt s'effondrer. Et la société telle que nous la connaissons va aussi s'écrouler ! Catastrophe ! J'abandonne. »

Est-ce que vous attribueriez cette réponse au mode de pensée d'un leader ou d'un distributeur ?

La réponse est évidente : le **mode de pensée d'un distributeur**, qui génère des résultats de **distributeur** et un **chèque de commission de distributeur.**

Tout le monde a des problèmes.

Leaders et distributeurs font face aux mêmes problèmes au quotidien. Les leaders ne deviennent pas des leaders parce qu'ils font face à moins de problèmes ; ils le deviennent grâce à la **façon** dont ils **gèrent** les problèmes.

Penser en leader.

Comment le leader réagirait si confronté au même problème de rupture de stock ? Voici un aperçu :

« Wow, le produit est en rupture de stock. La demande pour ces produits est si grande qu'ils n'arrivent pas à produire suffisamment, même si j'ai l'argent de mes clients en poche. Nos produits sont si exclusifs et si en demande que la compagnie n'arrive pas à maintenir un inventaire. Mon nouveau client sera vraiment impressionné, il commandera probablement le double ou le triple pour s'assurer de ne pas en manquer. Mon volume de vente et mon chèque de commissions vont aussi doubler et tripler ! Wow ! J'espère qu'ils seront en rupture de stock plus souvent ! »

ÉTAPE #3 : QUOI ENSEIGNER AUX LEADERS.

Cette réaction serait celle d'un leader ou d'un distributeur ?

Encore une fois, c'est une évidence. Le **mode de pensée du leader** génère des **résultats de leader** et des **chèques de commissions de leader**... il faut penser différemment, tout simplement.

Voici ce que les distributeurs ignorent.

Changer sa façon de penser **ne coûte absolument rien.** La plupart des distributeurs pensent :

« Et bien, je suis condamné. Impossible pour moi de changer ma façon de penser. C'est la **seule** façon de voir les choses. »

Le point de vue : « Je ne peux pas changer ma façon de penser, » est programmé par des années de conditionnement de la part de nos parents, professeurs, amis et confrères de travail. Mais ce point de vue est faux.

Bien entendu, nous pouvons tous changer notre façon de penser, si nous le souhaitons. Mais comment convaincre votre leader potentiel qu'il peut changer sa pensée ?

Avec une histoire.

Les histoires sont l'outil idéal pour changer la façon de penser des gens. Elles sont faciles à se remémorer et votre leader potentiel peut s'imaginer faisant partie de l'histoire. Il peut s'identifier à l'histoire.

Pour permettre à votre leader potentiel de concevoir qu'il est possible de changer la façon de penser de quelqu'un, essayez une histoire comme celle-ci :

Imagine que tu conduis paisiblement et qu'une Ferrari rouge te double et te coupe, te forçant presque à quitter la route. Le chauffeur semble être un adolescent et de toute évidence, il dépasse largement la limite de vitesse. Comment te sens-tu ? Que penses-tu de ce jeune conducteur ?

Si votre leader potentiel vous répond sincèrement, il dira :

« Je n'aime pas cet adolescent. Il est téméraire et m'a coupé la route dangereusement. Quelqu'un devrait le signaler à la police pour qu'il soit arrêté. Il représente un danger pour la société. »

Plus tard ce jour là, tu reçois un appel de l'hôpital. C'est ton fils. Il te dit : « Allo. Je voulais juste te rassurer, les médecins viennent de m'aviser que j'allais m'en sortir. Je fais une chute à moto et j'ai subi une coupure assez profonde. J'aurais pu y perdre tout mon sang et mourir mais, heureusement, un adolescent avec une Ferrari rouge passait par là. Il m'a ramassé et a foncé vers l'hôpital... il était moins une ! »

Posez à nouveau la question à votre leader potentiel :

« Que penses-tu de ce jeune conducteur déjà ? »

Si votre leader potentiel vous répond honnêtement, il dira :

« Tu as raison. J'ai changé de perception, et ça ne m'a rien coûté. La situation est la même. Et tu sais quoi ? J'aurais pu changer ma perception, ma façon de penser à propos de l'adolescent même si je n'avais pas eu accès à cette information supplémentaire. Tu as raison. Je peux changer ma façon de penser en tout temps, quand je veux. »

Puisque votre leader potentiel comprend maintenant qu'il peut changer sa façon de penser à volonté, vous souhaiterez lui apprendre ceci :

Il existe deux façons de penser – la façon des leaders et celle des distributeurs.

1. Si l'on pense en leader, on obtient des **résultats de leaders** et des **chèques de commission de leaders**.

2. Si l'on pense en distributeur, on obtient des **résultats de distributeurs** et des **chèques de commissions de distributeurs**.

C'est le moment d'offrir une dose massive de responsabilité à votre leader potentiel.

Dites-lui :

« Je ne changerai **pas** ta façon de penser. Ça t'appartient. Si tu souhaites des résultats de distributeurs, pense en distributeur. Si tu désires des résultats de leaders, pense en leader. Les résultats que tu souhaites ne dépendent que de toi. Choisis le type de résultats que tu souhaites obtenir dans ta vie, et tu sauras ensuite quel mode de pensée choisir. »

C'est une grosse étape… et c'est la seule façon de développer efficacement un leader.

Parce que si vous ne le faites pas, vous passerez votre vie à régler leurs problèmes, répondre à leurs questions, leur tenir la main et tenter de les remotiver suite à chaque épreuve.

OK. OK. Alors qu'est-ce que je leur enseignerai exactement ?

Résumons concrètement.

Premièrement, écrivez tous les problèmes quotidiens reliés à votre entreprise.

Deuxièmement, pour chaque problème, notez la façon de percevoir le problème pour un leader et celle d'un distributeur.

Troisièmement, rédigez toutes les histoires pertinentes que vous pourriez utiliser pour changer la façon de penser de votre distributeur potentiel du celle d'un distributeur à celle d'un leader.

C'est tout. Voilà ce que vous devrez leur enseigner.

ENSEIGNER GRÂCE AUX HISTOIRES.

Couchons sur papier quelques problèmes classiques et la façon dont nous pourrions changer le mode de pensée de notre leader potentiel.

Problème #1 : Mon recruteur ne m'aide pas.

Est-ce un problème commun ? Je l'entends constamment. Les gens m'appellent et se plaignent:

« Je ne peux pas devenir un leader. Je ne peux même pas devenir un bon distributeur parce que mon recruteur ne m'aide pas. »

C'est une réflexion facile à associer au mode de pensée du distributeur. Voici l'histoire que je raconte pour aider ce distributeur à amorcer une transition vers la mentalité d'un leader.

Je suis une victime professionnelle.

Voici ce qui m'est arrivé lorsque j'ai joint les rangs du marketing de réseau. J'étais déjà impliqué depuis 1 an et 10 mois et je n'avais aucun distributeur ni client. J'étais un véritable raté. Un leader qui se faisait du souci pour moi vint me trouver et me dit : « Big Al, ça ne va pas très bien pour toi. »

Je devais justifier ma situation d'échec alors j'ai répondu : « Ça ne va pas bien ? Normal ! Je ne peux pas réussir si mon recruteur **ne m'aide pas.** D'ailleurs, il n'en connaît pas plus sur cette industrie que moi. »

Le leader me regarda droit dans les yeux et dit : « Big Al, parle-moi de ton recruteur. A-t-il recruté d'autres distributeurs que toi ? »

Oups. Ça devenait personnel maintenant. J'ai dû admettre que mon recruteur avait bel et bien recruté **d'autres** distributeurs personnels, mais la plupart n'avaient pas de succès non plus. Seulement un ou deux connaissaient du succès.

Et le leader de poursuivre la conversation en disant : « Big Al, parle-moi du ou des deux autres distributeurs qui ont du succès ; n'ont-ils pas **exactement le même recruteur** que toi ? »

Ouch ! C'était méchant !

Mais du coup, j'ai saisi. J'ai compris que je ne pouvais blâmer mon recruteur. Après tout, mon succès n'avait rien à voir avec lui puisqu'il avait recruté à la fois des distributeurs à succès et des distributeurs sans succès. Et si mon recruteur n'avait rien à voir avec mon insuccès, il ne restait qu'une variable dans l'équation… moi !

Ma façon de penser passa instantanément de celle d'un distributeur à celle d'un leader suite à cette conversation.

Lorsque je raconte cette histoire aux distributeurs qui m'appellent en se plaignant de leur recruteur, changent-ils leur façon de penser aussi rapidement aussi ?

Non.

Peut-être qu'après avoir entendu mon histoire, la trajectoire de leur pensée change légèrement – juste un peu plus près de celle du leader. Vous aurez peut-être à raconter plusieurs histoires durant plusieurs semaines avant d'arriver à changer leur perception face à un seul problème.

Vous ne pourrez pas changer le mode de pensée d'un distributeur en celui d'un leader en criant lapin. Cependant, vous devez débuter quelque part, alors pourquoi ne pas accumuler des histoires tout de suite ?

Ce qui ne fonctionne pas.

J'ai découvert au fil du temps et des expériences une technique qui représente une perte de temps monumentale.

Sermonner.

Les sermons ne fonctionnent pas. Vous en voulez la preuve ? Souvenez-vous de toutes les leçons et sermons que vous avez subis à l'adolescence et vous constaterez leur efficacité.

Fin de la parenthèse.

Les sermons ne fonctionnent pas – mais les histoires oui.

Alors la meilleure façon de faire évoluer le mode de pensée du leader potentiel est au moyen d'histoires qui illustrent en trois dimensions :

« Hé, voici la réalité. Voici ce qui fonctionne dans le monde réel. »

C'est ce qui s'est produit lorsque j'ai découvert que mon recruteur n'était pas le facteur déterminant de mon échec. Je ne pouvais nier les faits. D'autres distributeurs avaient le même recruteur que moi et connaissaient du succès. Dans ce moment d'illumination, j'ai fait un bond de la mentalité distributeur à celle du leader sur ce point précis.

Malheureusement, j'ai connu d'autres problèmes et situations. Mais je les ai affrontés exactement de la même façon, en apprivoisant une autre façon de penser par le pouvoir des histoires.

Pourquoi pas un autre problème ?

Prenons un autre exemple concret afin de mieux saisir le fonctionnement de cette méthode.

Imaginez que mon recruteur demeure très loin. Je ne peux donc pas connaître de succès puisqu'il ne peut pas m'aider. Comment arriver à dévier cette perception de distributeur vers celle d'un leader ?

Voici une histoire que vous pourriez me raconter.

***

Vous : Big Al, je sais que tu crois ne pas pouvoir réussir parce que je demeure trop loin. Je ne peux pas t'aider à animer des présentations et des formations locales, et je ne peux pas t'accompagner pour faire des présentations deux à un.

Ceci dit, imaginons que tu prends un vol pour retourner chez toi à Houston, Texas. Assis à tes coté, une sympathique étrangère. Votre conversation typique pourrait ressembler à ceci :

Big Al : Hé ! Que fais-tu dans la vie ?

Étrangère : Je suis présidente d'un club local d'entrepreneurs. Nous avons 10,000 membres et ce sont tous des entrepreneurs. Nous nous réunissons le soir parce que nous avons tous des emplois traditionnels, mais notre club est à la recherche d'une opportunité à temps partiel pour s'impliquer.

Big Al : Oh, vraiment ? Quel type d'opportunité ?

Étrangère : Bien, on ne veut pas avoir pignon sur rue, c'est trop ennuyeux et nous serions limités à un seul emplacement.

Nous sommes des gens plutôt extravertis et nous sommes davantage intéressés par les ventes et le marketing. Nous adorons nous réunir, réseauter et travailler avec les gens. Nous n'avons pas beaucoup d'argent à investir – peut-être deux mille dollars chacun.

Mais nous sommes prêts à travailler autant qu'il le faudra pour ériger une entreprise à succès.

Et vous savez quoi ? Curieusement, je n'ai trouvé aucune opportunité à temps partiel qui réponde à tous ces critères pour nos membres. Et si je ne trouve rien sous peu, ils vont sûrement me retirer de mes fonctions. Je suis plutôt inquiète.

Vous : Alors, à quoi penses-tu Big Al ? Tu penses probablement : « Mon dieu, j'ai trouvé le filon ultime ! Mon opportunité d'affaire sera parfaite pour ses membres. Elle sera si reconnaissante. » Et alors, Big Al, tu lui demandes :

Big Al : Oh, j'oubliais. Où demeurez-vous ?

Étrangère : Nous sommes à Miami, en Floride.

Vous : À ce moment, Big Al, tu vas probablement t'arracher les cheveux sur la tête, rempli de désespoir en disant :

Big Al : Ah non ! C'est trop moche. Je ne pourrais jamais vous parrainer puisque je ne suis pas sur place. Vous ne pourrez jamais connaître de succès dans mon entreprise sauf si je demeure à proximité pour vous aider.

***

À ce point de la conversation, **ma perception change**. Je comprends que si je continue de croire que mon recruteur doit habiter tout près, je passerai à côté d'une multitude d'opportunités extraordinaires. En fait, si je conserve cette mentalité de distributeur, je ne pourrai jamais recruter quelqu'un qui demeure à plus de 20 kilomètres de la maison !

Après avoir entendu cette histoire, est-ce que ma conception des choses est passée de celle du distributeur à celle du leader ? Peut-être pas complètement, mais je m'en suis rapproché… n'est-ce pas ?

Alors pourquoi ne pas me raconter cette autre histoire ensuite ?

La mine d'or.

Imaginez que vous vous tenez debout au beau milieu d'une mine d'or. Autour de vous des centaines, voire des milliers de pépites d'or pures gisent à vos pieds (pépites d'or = opportunités si vous n'avez toujours pas saisi l'analogie). » Mais votre recruteur n'y est pas. Il n'y a personne pour vous dire de cueillir les pépites d'or et les mettre dans vos poches. Que faites-vous ?

Vous retournez à la maison pour vous installer devant votre téléviseur en radotant que votre recruteur, encore une fois, ne vous a pas aidé.

Stupide n'est-ce pas ? Lorsque nous joignons les rangs du marketing relationnel, on nous offre une opportunité, pas un privilège. Il nous appartient donc de saisir l'opportunité ou encore, de se plaindre à propos du bulletin d'information de la compagnie, la couleur de l'étiquette produit, ou encore, de notre recruteur qui ne fait rien pour nous aider.

Notre succès en marketing relationnel dépend donc uniquement de nous, et non de notre recruteur. En fait, nous pouvons choisir de connaître ou non le succès, même si notre recruteur n'existait pas.

Vous pourrez utiliser cette autre histoire afin de planter un dernier clou dans le cercueil si jamais votre distributeur croit toujours que son recruteur devrait demeurer à proximité et être impliqué afin de connaître le succès.

Le Conventum.

Vous assistez à un Conventum scolaire. Une de vos anciennes compagnes de classe vous dit : « Wow ! Tu fais du marketing relationnel ? C'est fantastique ! J'ai toujours voulu m'y impliquer. Serais-tu intéressé à devenir mon recruteur ? S'il-te-plaît ? Je t'en prie ! Je travaillerai plus fort que quiconque dans ton organisation. »

Malheureusement, votre ancienne compagne de classe habite aujourd'hui à New York soit à 800 kilomètres de chez vous. Si votre croyance est qu'elle ne peut connaître le succès à moins que son recruteur demeure à proximité, quels sont vos choix ?

Vous pourriez vendre votre maison et déménager à New York avec votre petite famille afin de pouvoir la parrainer localement. Mais cela implique que vous devriez déménager à nouveau à Chicago si vous recrutez quelqu'un là bas, puis à Tulsa et ainsi de suite. Ou que ferez-vous si votre nouvelle recrue déménage de New York à Miami ? Vous devrez naturellement suivre... Ça devient un peu complexe n'est-ce pas ?

Alors, lorsque les distributeurs disent :

« Je ne peux pas connaître le succès parce que je n'ai personne pour m'aider localement... »

Demandez-leur s'ils sont prêts à déménager chaque fois qu'ils recrutent un distributeur de l'extérieur.

Regardons un tout dernier exemple concret.

« Mes produits sont trop dispendieux. Personne n'est prêt à payer un tel prix. »

Ça vous semble familier ? Vous diriez que c'est une perception de distributeur ?

Les distributeurs **croient** que les prospects prennent leurs décisions d'achats en fonction du prix. Sera-t-il difficile de changer leur façon de penser ?

Pas si nous utilisons des histoires est des exemples.

Alors imaginons que je suis un leader potentiel, et que ma croyance voulant que les produits sont trop chers m'empêche d'avancer. Vous pourriez changer ma façon de penser de :

1. « Les produits sont trop dispendieux. »

à

2. « Les produits sont abordables puisque les prospects sont emballés par ce qu'ils ont à offrir. »

Vous remarquez que mon mode de pensée est celui d'un distributeur. Vous pourriez le faire évoluer vers celui du leader, non pas en me sermonnant, mais plutôt à l'aide de l'histoire suivante :

« Big Al, je sais que tu crois que le prix des produits est trop élevé. Tu as peut-être même raison. Mais je crois que beaucoup de gens achètent pour d'autres raisons : commodité, qualité, confort, options particulières, prestige. La plupart des gens accepteront de payer davantage afin de bénéficier de l'un ou l'autre de ces avantages (commodité, qualité, confort, options supplémentaires, prestige…) »

Ce à quoi je réponds :

« Non, je ne te crois pas. Les gens n'achètent qu'en fonction du prix. Ils désirent épargner leur argent et choisirons toujours les produits les plus économiques. »

Vous poursuivez :

« Big Al, tu as peut-être raison. Plusieurs personnes choisissent peut-être les produits les moins dispendieux. Je ne sais pas. Allons faire un tour pour vérifier, ça te va ? »

Nous sortons à l'extérieur et nous rendons au coin de la rue. Vous me demandez :

« Big Al, quelle est l'automobile la moins chère que l'on puisse acheter ? »

Je réfléchis une minute et je réponds :

« Une mini voiture de marque Kia. C'est la voiture la moins dispendieuse disponible sur le marché. Elle n'a que quatre roues et un volant mais elle vous mènera du point A au point B. »

Vous me dites ensuite :

« Restons ici pour observer quelques instants. Puisque les gens n'achètent qu'en fonction du prix, je suis convaincu que la plupart des gens ont acheté la voiture la plus abordable sur le marché, c'est-à-dire la mini voiture de marque Kia. Je parie que nous verrons tout un tas de minis Kia traverser l'intersection. En fait, je crois bien que plus de 50% des voitures qui passeront devant nous seront des minis Kia. »

Bien installés en observateurs au coin de la rue, quels types de voitures défilent devant nous ? Et bien, il y a d'abord une Chevrolet, puis une Ford, une BMW, suivie d'une Toyota... tiens, une Dodge, une autre Ford, une Cadillac, Lexus, Ford à nouveau, Volkswagen... et aucune mini voiture Kia à l'horizon !

Vous vous tournez vers moi et dites :

« Serait-il possible que certaines personnes achètent des automobiles pour le prestige, le confort ou la qualité – et pas seulement en fonction du prix ? Nous n'avons vu aucune mini voiture Kia encore. J'ai un doute sur le fait que les gens achètent des voitures en se basant seulement sur le prix. Les gens recherchent l'image, le confort, des options supplémentaires, prestige, véhicule plus rapide... Mais attends un peu, je pourrais avoir tort. Je te propose de se rendre à un autre coin de rue. Nous sommes peut-être à une intersection particulière. »

Nous nous rendons à un autre coin de rue et, que voyons-nous ?

Nous observons des Nissan, Toyota, Ford, Chevrolet, BMW, Mercedes, Cadillac et pas une seule mini Kia. Vous vous tournez à nouveau vers moi et :

« Sapristi, on dirait bien que personne n'a acheté de voiture en fonction du prix. Tout le monde a opté pour plus de confort, une couleur particulière, la commodité ou le prestige. Rendons-nous à une autre intersection pour valider notre échantillonnage. »

Je réplique :

« Non, non, non. J'ai saisi la leçon. »

Une fois de plus, vous avez modifié ma perception des choses. Je ne crois plus que les prospects établissent leurs décisions d'achat en se basant **seulement sur le prix**. Et est-ce que mon mode de pensée de distributeur a fait le saut au mode leader grâce à cette seule expérience scientifique ?

Non. Ce serait trop facile n'est-ce pas ? Mais vous avez modifié ma façon de penser de quelques degrés. Vous devrez me raconter d'autres histoires et me faire vivre d'autres situations durant les prochaines semaines et prochains mois afin de compléter ma transition vers le mode de pensée de leader.

Une autre histoire pour changer ma perception du prix ?

Voici une autre histoire que vous pourriez utiliser pour changer mon mode de pensée. Je l'appelle « l'histoire de la pizza. »

« Big Al, as-tu déjà commandé de la pizza ? Tu t'es déjà senti un peu paresseux pour préparer le souper. Tu as déjà eu envie de prendre le téléphone et commander de la pizza, livrée à ta porte pendant que tu regardes des vidéos ou la télé ?

« Je suis persuadé que oui. Tout le monde commande de la pizza de temps à autres. Mais est-ce la façon la plus économique de manger de la pizza ? Pas du tout. Tu paies quelqu'un d'autre pour la préparer et pour qu'elle te soit livrée. C'est sans doute plus coûteux que de faire pousser les ingrédients par toi-même, préparer et cuire la pizza dans ton four. Et c'est sûrement plus cher que de l'acheter toute emballée à l'épicerie et la faire cuire chez toi.

« Alors pourquoi as-tu dépensé cet argent supplémentaire ? Goût ? Qualité ? Commodité ? Confort ? Elle t'a coûté deux à trois fois plus chère que si tu l'avais préparée toi-même ! »

Oups ! Je suis au pied du mur. Même moi, je n'achète pas en me basant seulement sur le prix. J'ai fait un autre bout de chemin vers la pensée du leader. Songez à toutes les histoires que vous pourriez utiliser pour prouver à votre distributeur que les gens n'achètent pas seulement un prix.

- Vous pourriez vous installer face à un magasin de chaussures de luxe au centre commercial et regarder les dames en sortir avec un ou plusieurs sacs.

- Vous pourriez aussi demander à quelques femmes : « Achetez-vous toujours les bijoux et les parfums les moins dispendieux ? »
- Est-ce que les hommes achètent leur bière au plus bas prix à la caisse ? Ou est-ce qu'ils paient le prix fort au bar du coin ?
- Ou encore, y a-t-il un dentiste en ville qui offre des tarifs plus bas ? Si oui, est-ce que toutes les bouches de la ville s'y font traiter ?
- La plupart des avions offre une section première classe. Qui donc utilise ces sièges ?
- Est-ce que le prix d'un billet de concert représente la façon la plus économique d'écouter votre musique favorite ?

Ou peut-être qu'une simple conversation pourrait convenir ?

Un de mes distributeurs s'entêtait à croire que les gens achètent en fonction du prix. Il ne pouvait concevoir que quelqu'un puisse payer plus cher par commodité, pour la qualité, proximité, etc.

Voici la conversation :

***

Distributeur : Si on n'offre pas le produit le moins cher, comment espères-tu que je fasse des ventes ?

Big Al : Est-ce que tu achètes toujours au prix le plus bas ?

Distributeur : Que veux-tu dire ?

Big Al : Supposons que tu arrêtes mettre de l'essence dans ta voiture. Tu en profites pour acheter une boisson, une tablette de chocolat ou une friandise ?

Distributeur : Parfois… rarement par contre.

Big Al : Est-ce que la station service offre le prix le plus bas pour ta boisson et ta friandise ? Ou si tu pourrais obtenir un meilleur prix en les achetant à la caisse dans un magasin-entrepôt ?

Distributeur : OK. Peut-être que je magasine parfois par commodité. Mais c'est très rare.

Big Al : Si tu magasines toujours le meilleur prix, est-ce que tu fais constamment la tournée des magasins pour comparer les prix ?

Distributeur : Et bien, parfois je n'ai pas le temps de le faire… alors tu as raison. Je paie probablement plus cher de temps à autres.

Big Al : Et tu fouilles toujours sur le web pour trouver le plus bas prix ?

Distributeur : Parfois. Mais c'est plutôt complexe de visiter tous ces sites web, évaluer les frais d'expédition et obtenir le véritable total. Et puis une fois que j'ai trouvé, je ne suis pas certain si le site web est légitime et sécuritaire. Et puisque je n'ai habituellement jamais acheté sur ce site web, je dois compléter les formulaires à nouveau et entrer ma carte de crédit… Je crois que je saisis ton message.

Big Al : Si nous rendons la démarche simple, pratique et amicale pour notre client, ils ne chercheront pas, règle générale, le prix le plus bas. Nos clients recherchent des produits de qualité à un prix juste. Et avec le service clientèle minimaliste qu'offrent la plupart des commerces et entreprises aujourd'hui, nos clients apprécient de pouvoir parler à véritable personne.

***

De simple conversations, mises en situations et histoires peuvent changer les perceptions. Plutôt que de vaquer à des conversations sans importance et décousues avec nos leaders potentiels, nous devrions en profiter pour leur enseigner de nouvelles notions et façons de voir les choses afin qu'ils se développent dans leur entreprise.

Vous aimeriez un autre exemple de conversation avec un distributeur ?

Cette fois-ci, je vous laisse juge. Après avoir lu cette conversation, demandez-vous : « Suis-je disposé à investir mon précieux temps à enseigner à cette personne l'ABC du leader ? »

Voici ladite conversation avec un distributeur démotivé, fauché et incapable de se responsabiliser (vous avez déjà un indice n'est-ce pas.)

***

Big Al : Tu devras investir au moins 100$ par mois (25$ par semaine) dans ton entreprise pour des produits, des outils de vente, du matériel de formation, promotions, publicité, etc. Tu es disposé à le faire ?

Distributeur : Non. Je ne peux pas. Je suis complètement fauché. Une fois mes factures payées, il ne reste plus rien. Je pourrais peut-être encaisser quelques chèques de commissions d'abord et ensuite, développer mon entreprise ?

Big Al : La vie ne fonctionne pas comme ça. Regardons ta situation actuelle. Tu as travaillé dix années pour la même compagnie. Tu es un adulte. Et tu me dis que tu n'as pas réussi à épargner un maigre 100$ durant toutes ces années de travail ? Ce qui signifie que tes compétences en affaires ne t'ont pas permises d'économiser 10$ par année ? Ça ne représente qu'une semaine de travail pour le camelot ou un emploi à temps partiel.

Distributeur : Ouais. C'est la dure réalité. Tout mon argent et englouti par mes factures. Si j'avais quelques dollars à ma disposition chaque mois, j'investirais dans mon entreprise, parole de scout !

Big Al : Combien te coûte la télévision par câble et ta connexion internet ?

Distributeur : Environ 100$ par mois. Mais je ne pourrais jamais m'en passer. C'est mon seul divertissement.

Big Al : Est-ce qu'il t'arrive de manger au resto ou si tu apportes toujours ton lunch ?

Distributeur : Nous allons souper environ deux fois par semaine. Je sais que c'est onéreux, mais parfois nous sommes si fatigués en revenant du boulot. Cela représente environ 90$ par semaine, soit 360$ par mois. Nous avons besoin de s'évader de temps à autres. Et oui, je dîne aussi à l'extérieur deux ou trois fois par semaine, mais ça me permet de m'évader du bureau où l'ambiance est plutôt lourde.

Big Al : Est-ce que tu bois ou tu fumes ?

Distributeur : Un carton de cigarette coûte 10$ et j'en fume un par jour. Mais je n'y peux rien, je suis dépendant, rien à faire. Tu ne vas tout de même pas me demander de cesser de fumer pour développer mon entreprise, non ? Et ne touche pas non plus à ma penchant pour l'alcool, c'est mon seul remède pour relâcher la pression après une dure journée.

Big Al : Et que fais-tu de tes fins de semaines ? Sont-elles bien remplies ? Tu pourrais peut-être faire quelques heures dans un autre emploi pour générer de l'argent que tu pourrais investir dans ton entreprise ?

Distributeur : Hmm, oui, mes fins de semaines sont assez libres, mais j'ai beaucoup de tâches à effectuer dans et autour de la maison. C'est le seul moment de la semaine où je peux faire du rattrapage et me reposer un peu… et si possible, jouer une partie de golf.

Big Al : Golf ? Est-ce que tu dois débourser pour le parcours, les bâtons, l'après golf et tout le reste… ?

Distributeur : Pas question que je fasse une croix sur le golf pour développer un business. Le golf ne prend que trois ou quatre heures dans ma semaine de toute façon.

Big Al : Alors quel est ton plan pour libérer 25$ par semaine dans ton budget et l'investir dans ton entreprise de marketing de réseau ?

Distributeur : C'est ce que je me tue à te demander. Dis-moi ce que je dois faire pour faire bouger mon entreprise. Rien n'a fonctionné jusqu'à maintenant. Alors qu'est-ce que tu comptes faire pour m'aider, Monsieur le Recruteur ?

***

Ça vous semble familier ?

Je n'ai rien à ajouter.

Même dans les quartiers les plus pauvres, vous retrouverez des gens qui commandent de la pizza et paient pour la livraison à leur porte. Des gens qui ont le téléphone cellulaire dernier cri. Des gens qui prennent pas à des soirées bien arrosées et d'autres, qui assistent à des concerts à guichets fermés.

Le problème n'est pas le manque d'argent. Le problème en est un de « priorités. » Si votre prospect ne perçoit pas la valeur de votre opportunité, il ne débloquera jamais de budget pour investir dans la promotion, la publicité, la formation et des échantillons…

La solution est simple ; deux options. Soit on doit mousser la valeur de notre opportunité dans l'esprit de notre distributeur ou bien, on choisit de ne pas investir de temps avec ce distributeur pour en faire un leader. Malheureusement pour le distributeur, nous devons habituellement choisir d'investir notre temps avec un autre distributeur prêt à investir un certain budget, à apprendre et à travailler.

AUCUNE HISTOIRE NE VOUS VIENT EN TÊTE POUR UN PROBLÈME EN PARTICULIER ?

Je vous propose d'emprunter cette autre technique que j'utilise.

Disons que votre nouveau leader potentiel nourrit cette pensée :

« Je ne peux avoir du succès si mon recruteur ne m'aide pas. »

« C'est impossible pour moi de connaître le succès puisque mon recruteur a jeté l'éponge. Il ne m'appelle plus, il ne fait que commander des produits. Même chose pour ma lignée de parrainage qui consomme mais ne développe pas l'entreprise. Il n'y a personne pour m'aider. Je ne peux pas y arriver seul. Tout le blâme revient à mon recruteur perdant, paresseux et bon à rien qui ne fait qu'encaisser les chèques. »

Essayez cette approche avec votre distributeur ou leader potentiel :

« Existe-t-il quelques leaders dans notre compagnie ? Bien sûr que oui. S'il faut, pour devenir un leader, être recruté et parrainer par un leader, cela signifie que tous les leaders de la compagnie ont eu cette chance. Quelles sont les probabilités que ce soit le cas ? Je ne sais pas. Regardons ensembles. »

Vous pouvez alors passer en revue la liste complète des leaders de votre compagnie et déterminer par qui ils ont été recrutés et parrainés. Vous serez étonnés de constater que la plupart ont été recrutés par quelqu'un qui n'avais aucun intérêt, qui ne fait que consommer et peut-être même, qui a fermé son compte.

Pensez à tous les leaders de marketing de réseau que vous connaissez. Certains ont la chance d'avoir eu un parrain à succès – mais la plupart des leaders à succès ont été recrutés par des distributeurs **sans succès.**

Bon nombre des plus grands leaders en marketing de réseau ont été recrutés par des gens sans envergure et inactifs, voire même, qui ont abandonné l'industrie. Ils ont mérité leur succès par **leurs propres** efforts, souvent sans aide, sans faveurs ou cadeaux de leur ligne de support.

Vous pouvez aussi inverser l'équation.

La majorité des recruteurs parrainent des distributeurs à succès **et** des distributeurs sans succès.

Si les deux types de distributeurs possèdent le même recruteur, l'équation nous prouve encore une fois que la seule variable responsable du succès est en fait : le distributeur.

Cette conversation dit tout.

Il y a de cela quelques années, j'ai eu une discussion téléphonique avec un distributeur mécontent. Il n'arrivait pas à comprendre pourquoi son équipe et lui étaient si malchanceux alors que d'autres distributeurs progressaient et devenaient rapidement des leaders.

Ce distributeur détestait sa compagnie, ses produits, sa lignée de support, son équipe de distributeurs et, le marketing relationnel dans son ensemble. Notre conversation ressemblait à peu près à ceci :

***

Distributeur : Je ne peux avoir de succès en marketing de réseau si ma compagnie détruit mon organisation. Elle expédie les produits en retard. Les chèques de commissions sont erronés. Le personnel du bureau chef est impoli lorsque mon équipe a besoin de leur aide. La compagnie a trop de produits en rupture de stock…

Big Al : Y a-t-il quelques leaders qui réussissent bien dans ta compagnie ?

Distributeur : Oui.

Big Al : Est-ce que ces leaders reçoivent leurs produits et leurs chèques de commission en retard et, doivent-ils aussi composer avec les ruptures de stock ?

Distributeur : Et bien, oui. Mais ça n'est pas la même chose pour eux.

Big Al : Est-ce que tu penses que le personnel du bureau chef est impoli seulement avec ton équipe et, crois-tu que les équipes de ces leaders à succès parlent aux mêmes employés ?

Distributeur : D'accord, d'accord. J'ai saisi. Je devine que la compagnie, ses produits et ses employés ne sont pas responsables de mon succès ou mon **manque de succès**. En fait, peu importe ce qu'elle fera, elle ne pourra pas me servir le succès sur un plateau d'argent. Si d'autres leaders ont du succès, j'imagine que la compagnie n'est pas la cause de mon manque de succès.

Big Al : C'est ce que je pense aussi. Ça n'est la compagnie qui déterminera ton succès.

Distributeur : Je crois donc que le véritable problème est en fait que ma compagnie de réseau n'est pas en phase de « momentum. » Tous les leaders à succès ont déjà une organisation. Quant à moi, impossible de développer une grande organisation en ce moment puisque la compagnie n'est pas en croissance.

Big Al : Intéressant. Dis-moi, lorsqu'une compagnie se développe rapidement, est-il possible qu'un de ses groupes connaisse une croissance plus lente, voire même une décroissance ?

Distributeur : Je pense que oui. Je peux très bien imaginer un groupe avec un piètre leader dégringoler alors que la compagnie connait une croissance globale.

Big Al : Lorsque la compagnie vie une mince progression, ou même un plateau, est-il possible qu'un des groupes se développe rapidement ?

Distributeur : Euh, oui. Je suppose qu'un leader et son groupe pourraient connaître une croissance importante pendant que les autres groupes et la compagnie sont stagnants. Alors, tu veux me faire prendre conscience que le fait que ma compagnie ne soit pas dans sa phase de « momentum » n'explique en rien l'inertie de mon équipe.

Maintenant que j'y pense, je crois que le véritable problème avec mon organisation est relié à mon bon à rien, paresseux, radin et raté de parrain. Il ne m'appelle jamais, a mauvaise haleine, ne connait rien de cette industrie, exagère les chiffres, est plutôt ennuyant et n'a jamais rien fait pour développer mon entreprise.

Big Al : Parle-moi davantage de ton recruteur. A-t-il d'autres distributeurs à son premier niveau ? Et comment performent-ils ?

Distributeur : Hmm, mon recruteur a 15 distributeurs à son premier niveau. La plupart ont abandonné. Quelques uns piétinent comme moi. Et trois ou quatre sont en croissance.

Big Al : Ces trois ou quatre distributeurs en croissance… qui est leur recruteur ?

Distributeur : Ouch ! Je vois. Ces distributeurs ont le même recruteur que moi. Tu as raison. J'imagine que le problème n'est pas mon recruteur.

Big Al : Peut-être que tu devrais cesser de chercher une meilleure compagnie, un meilleur timing pour y entrer ou un meilleur recruteur. Il semble que le problème est ailleurs. Et tu as une idée où il se trouve ?

Distributeur : Il doit sûrement y en avoir un. Je n'arrive tout simplement pas à mettre le doigt dessus. Je sais que quelqu'un m'empêche d'avoir du succès, quelqu'un de proche. **Je ne sais tout simplement pas qui.** Je vais t'aviser lorsque j'aurai trouvé.

***

Je reçois beaucoup d'appels comme celui-là. Ces distributeurs ne demandent jamais mon opinion, alors je ne leur donne pas. Ça n'est pas encore le bon moment pour eux de cheminer dans le leadership.

Les distributeurs sans succès sont toujours à la recherche de **quelqu'un d'autre** pour les mener au succès. Ils croient que le succès provient d'éléments **extérieurs** tels que la compagnie ou le recruteur. Ces éléments **extérieurs** ont peu d'incidence sur le succès ou l'échec.

Le secret véritable, laid et dégoutant en marketing de réseau est que le succès provient de **l'intérieur** du distributeur et du leader. Tout se passe à l'intérieur de soi, entre les deux oreilles.

N'abandonnez pas la barre.

Si vous abandonnez la barre du navire et que vous transférez le contrôle et la responsabilité de votre succès à votre recruteur, vous lui accordez à la fois le **contrôle de votre échec**. Personne ne s'engage volontairement dans le marketing relationnel en disant :

« J'aimerais bien que mon recruteur décide de me faire connaître le succès et non l'échec. J'espère que mon recruteur est de bonne humeur aujourd'hui. »

Laisser à quelqu'un d'autre le contrôle de notre avenir en marketing de réseau semble ridicule n'est-ce pas ?

Posez la question à quelques leaders à succès en réseau et ils vous diront qu'ils ont été et sont toujours **seuls responsables** de leur succès. La plupart des gens sont confortables d'admettre qu'ils sont responsables de leur succès.

Alors si cette logique tient la route, tous les distributeurs sans succès en marketing de réseau seraient donc **seuls responsables** de leur échec. Ça alors, vous n'avez jamais entendu pareil aveu dans une conversation.

Cette ligne de pensée me rappelle une vieille citation :

« Derrière chaque grand homme se cache une femme. »

Bien entendu, derrière tout homme **qui connaît l'échec** se cache **aussi** une femme, mais personne ne souligne la chose (sauf peut-être les ivrognes qui s'apitoient sur leur sort à la taverne du coin chaque vendredi soir).

De plus en plus facile.

Eh oui, enseigner à votre leader potentiel de nouvelles façons de réfléchir est chose facile. La partie difficile était de savoir **quoi** lui enseigner et **comment** le faire. Vous avez maintenant la formule.

Vous sélectionnez d'abord un problème, vous identifiez le mode de pensée du distributeur et celui du leader pour résoudre le problème. Vous fournissez ensuite à votre leader potentiel un exemple concret ou une histoire pour faire transiter son mode de pensée dans la bonne direction soit le mode leader. Votre leader potentiel pourra plus facilement **croire** en ses propres conclusions.

En fin de parcours vous avez à vos cotés un distributeur qui pense en leader et en voie de devenir un véritable leader. C'est une méthode étape par étape efficace qui donne des résultats mesurables et qui a fait ses preuves. Beaucoup plus sûre que se croiser les doigts en imaginant : « Je vais développer une bonne relation et espérer que ce gentil distributeur se transformera comme par magie en leader. »

DÉVELOPPER DES LEADERS EST SIMPLE UNE FOIS QUE VOUS LEUR AVEZ ENSEIGNÉ À GÉRER LES PROBLÈMES.

Si vous maîtrisez cette technique pour développer vos leaders, vous abaisserez votre niveau de stress, aurez plus de temps, moins de refus, moins de jours maussades, moins de casse-têtes et défis… Bref, une vie de leader beaucoup plus amusante.

Si vos leaders ne pensent pas en leaders, vous entendrez régulièrement ce type de conversation désagréable entre eux :

« Le client a détesté le produit et le bureau chef ne l'a pas remboursé rapidement, alors j'ai perdu mon distributeur. On dirait que la compagnie souhaite détruire mon organisation. Je pense transférer mon équipe vers une autre compagnie où il y a moins de problèmes. »

Vous et moi ne souhaitons pas entendre ce type de conversation alors réglons-ça tout de suite.

C'est fou, mais jamais personne ne le réalise.

Il y a plusieurs années, je revenais d'Angleterre où la communauté de marketing de réseau semblait aux prises avec une perception **inhabituelle** et **scandaleuse**.

Je pensais qu'ils étaient tous tombés sur la tête, mais... je constatai que les réseauteurs aux États-Unis étaient aussi contaminés par la **même perception tordue**. Était-ce un virus malsain qui se répandait partout sur le globe ?

Partout dans le monde les réseauteurs sabotent leurs entreprises. Et ils ne comprennent pas pourquoi. Imaginez que vous investissez des centaines, voire même des milliers d'heures dans une entreprise et, que vous la détruisez ensuite d'un simple **point de vue erroné**.

Je vous mets en contexte.

Combien d'heures, selon vous, un leader en marketing de réseau investit dans les tâches suivantes ?

- Écouter les problèmes personnels de son équipe.
- Écouter les problèmes d'entreprise de son équipe.
- Effectuer des appels au bureau chef pour faire le suivi des colis égarés et les ruptures de stock.
- Éteindre des feux en excusant les propos irrespectueux du autre leader ou l'impolitesse d'un employé au bureau chef.
- Jouer à l'arbitre entre deux distributeurs jaloux qui se battent pour une nouvelle recrue.
- Réprimander les employés du bureau chef qui ne comprennent rien au marketing de réseau.
- Faire le suivi de tous les appels téléphoniques qui n'ont pas été retournés rapidement.
- Se soucier de l'avidité qui détruit certains membres de l'organisation.
- Grogner face à un traitement inéquitable ou un manque de reconnaissance.

- Tenter de récupérer des clients ou le chiffre d'affaire dérobé par un concurrent déloyal.
- Discuter du manque de leadership de la compagnie et son manque de réactivité envers les membres mécontents.

Si vous additionnez le tout, c'est la semaine de 40 heures !

Ces activités sont énergivores. Combien de temps un leader peut-il se permettre d'investir dans ces activités non-productives et non-rentables ?

Ces activités nécessitent un **effort physique**. Les leaders sont exténués après un tel marathon téléphonique avec des victimes professionnelles qui clament haut et fort que le monde entier leur barre la route.

Ces activités requièrent un **effort mental**. Les leaders gaspillent leur énergie cérébrale à combattre ces combats perdus d'avance. Après une seule de ces batailles, le leader préfère régresser au mode végétatif et s'installer devant le téléviseur. Il ne lui reste plus aucun enthousiasme pour prospecter.

À qui appartient le problème ?

Devinez quoi ? Dans un tel cas, le problème n'appartient pas au distributeur. **Le problème appartient au leader !**

Certains leaders ont un point de vue erroné. Voici ce que croient les leaders **déchus** :

Afin de connaître le succès en marketing relationnel :

- 100% des employés du bureau chef doivent être parfaits.
- 100% des distributeurs doivent être des citoyens honorables, charitables, sans problèmes et sans aucune cupidité.
- 100% des distributeurs ne doivent jamais abandonner.
- 100% des appels téléphoniques doivent être traités et répondus comme ils le souhaitent.
- 100% des employés du bureau chef doivent se libérer immédiatement lorsqu'ils appellent.
- 100% des leaders de la ligne de parrainage devraient être de parfaits exemples et ne jamais se tromper lorsqu'ils s'expriment.
- 100% des distributeurs ne sont pas égoïstes.
- 100% des décisions doivent être parfaites.
- 100% des décisions doivent être adaptées au présent et au futur.

Tout doit être parfait, sans quoi ils ne feront que se plaindre et détruire leurs entreprises, puis chercher une nouvelle compagnie avec des leaders parfaits, un bureau chef parfait, un plan de rémunération parfait, des produits parfaits à des prix parfaits qui satisferont 100% des gens à tout coup, etc., etc., etc.

Ouach ! Comme disait Zig Ziglar : « Cette façon de penser empeste ! »

Donc, les leaders sans succès s'enlisent rapidement dans le piège « réparer les pots cassés » et passent le reste de leur médiocre carrière de réseauteur à tenter d'éviter les problèmes à leur équipe, leur ligne de parrainage ou la compagnie. Vous conviendrez que c'est une tâche plutôt ardue dans ce monde qui est le nôtre. Envelopper chaque distributeur dans du papier bulle est non seulement impossible, c'est presque de la démence.

Voici ce que disent la plupart du temps les distributeurs sans succès :

« C'est la crise ! **C'est la crise ! Dois-je la régler** maintenant ? »

Non.

Si votre organisation ne peut survivre à une crise ou deux, il est peut-être temps de prendre du recul et d'ériger de meilleures fondations. Il y aura d'ailleurs une foule de problèmes dans le développement de votre entreprise, peu importe la solidité de vos fondations puisque…

Les gens sont humains !

C'est exact. Votre compagnie, votre lignée de support de même que votre équipe de distributeurs sont constitués d'humains. Et en tant qu'humains, nous possédons certaines caractéristiques telles que :

- Les humains font des erreurs. Seuls les ordinateurs sont parfaits, et les ordinateurs ne désirent pas devenir distributeurs.
- Les humains sont souvent égoïstes.
- Les humains sont des lâcheurs professionnels. Ils abandonnent l'école, laissent tomber leurs emplois, divorcent, suspendent leur diète, oublient les résolutions du nouvel an et quittent l'industrie du marketing de réseau.
- Les humains retournent rarement les appels.
- Les humains sont souvent impolis.

- Les humains prennent les gens pour acquis. Ils témoignent très rarement leur appréciation envers leurs mentors et leurs équipes.
- Les humains adorent critiquer. Cela leur permet de se sentir supérieurs et les aide à oublier leurs propres problèmes personnels.
- Les humains prennent de terribles décisions. Pourquoi y a-t-il autant de divorces ? Pourquoi tant de gens perdent aux courses de chevaux ? Pourquoi mangeons-nous trop de beignes ?
- Les humains pensent qu'ils ont toujours raison. Après tout, vous connaissez des gens qui débattent leur point de vue en sachant qu'ils ont tort ?

Lorsque les distributeurs, la lignée de parrainage ou le bureau chef font des erreurs, sont impolis, critiques ou abandonnent... ne soyez pas surpris !

Ils sont eux aussi humains !

Pourquoi combattre la nature humaine ?

Pourquoi ne pas simplement accepter les gens tels qu'ils sont ?

En tant qu'humains.

C'est le point de vue qu'adoptent les leaders à **succès**. Ils ne perdent pas leur temps à tenter de changer les gens, régler leurs problèmes imaginaires, ou essayer d'éliminer tous les problèmes qui existent dans le monde.

Les leaders qui ont du succès apprennent à **gérer** les problèmes et non pas les régler.

Voilà la différence.

Imaginez que vous puissiez travailler suffisamment fort pour régler tous les problèmes de votre équipe, votre lignée de parrainage et votre compagnie. Ola ! Ce serait une tâche colossale.

Et si vous avez pu régler tous ces problèmes aujourd'hui, quelles sont les chances que de nouveaux problèmes se surviennent demain ?

100% ! ! !

Oui, il y aura d'autres problèmes demain, et le jour suivant, et à chaque nouveau jour dans le futur. Il y aura toujours des problèmes.

Les leaders à succès acceptent cet état de fait. Ils apprennent tout simplement à **vivre avec les problèmes** plutôt que de se torturer en songeant aux problèmes pour le reste de leurs vies.

Voyez-le de cette façon.

Il n'existe aucune compagnie parfaite. Toutes les compagnies engagent des humains ! Alors, il y a toujours de nombreux problèmes et erreurs.

Que font les distributeurs sans succès ? S'ils constatent que leur compagnie de marketing relationnel a un problème, ils abandonnent ! Ils adoptent une autre compagnie de marketing de réseau et espèrent qu'elle n'aura jamais de problèmes.

Quelle sorte de pensée magique est-ce ?

Toutes les entreprises de marketing de réseau ont des problèmes.

Les distributeurs et leaders qui ont du succès savent que :

Toutes les compagnies de marketing de réseau ont des problèmes. Vous choisissez tout simplement la compagnie avec qui vous souhaitez avoir ces problèmes.

Faites votre deuil de la compagnie parfaite. Acceptez les problèmes et passez à la vitesse supérieure.

Les femmes comprennent aisément ce principe : « Toutes les compagnies ont des problèmes, vous choisissez tout simplement la compagnie avec qui vous souhaitez avoir ces problèmes. » Pourquoi ?

Parce qu'elles ont déjà découvert que :

« Tous les hommes ont des problèmes. Vous choisissez tout simplement l'homme avec qui vous souhaitez avoir des problèmes. »

Les hommes, bien entendu, ont plus de difficulté à comprendre puisque toutes les femmes sont parfaites. Aucune analogie possible.

Laissez vos compétiteurs tenter de régler les problèmes, changer la nature humaine, et sauter d'une compagnie à une autre. Vous pouvez même les encourager à le faire.

Pourquoi ?

Pour tenir vos concurrents occupés tandis que vous développez une grande entreprise à succès. Vous aurez un accès exclusif aux meilleurs prospects puisque vos compétiteurs seront trop occupés à régler des problèmes.

Mais je dois régler quelques uns des problèmes, non ?

Non.

Nos organisations connaîtront des succès retentissants si on se concentre sur le **développement de trois ou quatre leaders.** Lorsque nous avons trois ou quatre leaders mercenaires entraînés à penser comme nous… **nous sommes invincibles !**

Développer des leaders **est la clé** dans ce business. Les distributeurs vont et viennent, les problèmes vont et viennent et restent parfois. Mais si nous développons à long terme des leaders fidèles, nous serons récompensés à jamais par des chèques de commissions stables et généreux.

Tous ces problèmes ne devraient pas interférer avec notre objectif principal qui est de **localiser, former et développer trois ou quatre bons leaders.**

Jetons un coup d'œil à la crise typique #1.

Votre distributeur reçoit sa commande contenant 20 produits différents et un produit un produit manque à l'appel. Le produit manquant est le mélange à beignes #2.

Votre distributeur appelle alors son recruteur et dit :

« À l'aide ! À l'aide ! Ma commande est incomplète ! Je ne sais pas combien de produits il me manque, mais rien ne va. Que se passe-t-il ? Est-ce la compagnie s'apprête à fermer ses portes ? »

La nature humaine a une **tendance naturelle à l'exagération** lorsque vient le temps de décrire un problème personnel.

Le recruteur classique accepte le poids du problème et sombre dans la dépression. Il craint que son distributeur ferme son compte devant une telle bévue de la part de la compagnie.

Le recruteur appelle à son tour son recruteur :

« À l'aide ! À l'aide ! La compagnie a cessé d'expédier des produits et prend l'argent de nos distributeurs ! Pourquoi attaquer et détruire nos organisations ainsi ? »

La nature humaine a une **tendance naturelle à l'exagération** lorsque vient le temps de décrire un problème personnel.

À son tour, le recruteur #2 prend panique devant ce gigantesque problème qui met en péril toute l'organisation. Il décide d'appeler lui aussi son recruteur (c'est vous) et dit :

« À l'aide ! À l'aide ! La compagnie a cessé d'expédier des produits et a envoyé un commando armé pour éliminer nos distributeurs ! Tu dois tout de suite arrêter ce carnage ! »

Tel que déjà mentionné, la nature humaine a une **tendance naturelle à l'exagération** lorsque vient le temps de décrire un problème personnel.

Le problème a donc fait son chemin jusqu'à vous, et il a prit des proportions démesurées.

Comment allez-vous réagir ?

Allez-vous contacter le bureau chef et amplifier l'histoire à votre tour ? Pas si vous êtes un véritable leader.

En tant que leader à succès, votre point de vue est stable et inébranlable. Vous savez que **la seule chose qui compte** est de **dénicher et développer trois ou quatre bons leaders** - point à la ligne.

Tous les autres problèmes ne sont que distractions et doivent être ignorés.

Que faites-vous ? Vous répondez à votre leader paniqué en disant :

« Produits manquants tu dis ? Et bien, je n'ai pas accès au logiciel d'expédition du bureau chef alors, pourquoi ne leur envoyer les détails et me mettre en copie ; ils vont s'en occuper. »

Boom. Terminé. C'est tout. Dossier et hystérie classés.

Ce problème plutôt mineur devient tout à fait gérable. Le distributeur à l'origine du problème doit tout simplement rédiger les détails dans un courriel et voilà ! C'est fantastique. Pourquoi ?

- Rédiger les détails demande un effort. (La plupart des gens tenteront de transférer un problème à leur recruteur plutôt que de le gérer eux-mêmes. C'est un autre trait de la nature humaine. Et pourquoi ne pas donner un coup de fil et amplifier le problème ? C'est plus simple que produire un rapport écrit.)

- Mettre les détails sur papier module généralement l'exagération.
- La plupart des gens vont vérifier les faits deux fois avant de les immortaliser par écrit.

Qu'arrive-t-il alors ?

Le distributeur revérifie à nouveau sa commande et trouve comme par magie le produit manquant, mélange pour beignes #2.

Problème géré. Vous pouvez maintenant poursuivre le développement de votre entreprise qui consiste à **dénicher et développer trois ou quatre bons leaders.**

Durant toutes mes années en marketing relationnel, une seule personne a pris le temps de rédiger les détails de son problème, d'envoyer le tout à la compagnie et me mettre en copie. Une seule personne. C'est tout.

Vous voulez savoir ce qui s'est produit lorsque j'ai reçu les détails de son problème par télécopie. Je quittais pour souper alors, je me suis dit que j'allais examiner le document le lendemain.

Le matin suivant, j'ai reçu un appel du distributeur me remerciant d'avoir pris en charge le problème. Il semble que le bureau chef l'avait déjà appelé pour éclaircir et régler le dossier, il était donc satisfait.

J'ai donc classé la télécopie dans la corbeille sans lire. Je n'ai jamais vraiment su quel était le problème. Tout ce que je sais, c'est que cette méthode m'a fait épargner des heures, des jours et des semaines à tenter de résoudre des problèmes.

« Hé oui ! C'est une assez bonne illustration du fonctionnement d'une entreprise de marketing relationnel saine. »

Que se passerait-il si votre équipe adoptait cette technique de résolution de problèmes ?

Croissance massive. Ventes massives. Chèques de commissions poids lourds.

Et comment vous sentiriez-vous si votre équipe ne se plaignait jamais ? Si vos distributeurs et leaders acceptaient tout simplement le fait que les problèmes font partie de la vie et qu'ils poursuivaient le développement de leurs entreprises ?

Ce serait un mode parfait… mais la perfection n'existe pas. Ceci dit, aucune règle ne nous interdit d'éduquer et de former nos équipes afin de tendre vers cet objectif.

Imaginez la puissance de vos rencontres d'affaires si tous les membres de votre équipe étaient positifs et focalisaient sur leur objectif de **dénicher et développer trois ou quatre leaders ?** Il y aurait de l'électricité dans l'air ! Et avec autant d'énergie positive dans la salle, les invités signeraient les formulaires avant même d'avoir entendu la présentation ! Tous les prospects désirent s'associer à des gens positifs qui savent où ils vont.

Et que faire des autres problèmes ?

- Est-ce qu'un être humain peut commettre une erreur lors d'une présentation d'affaire ?
- Est-ce qu'il peut y avoir une faute de frappe dans la brochure promotionnelle ?
- Est-ce qu'un journaliste de quotidien, sous-payé et jaloux, peut rédiger un article calomnieux et injustifié au sujet de votre compagnie ou vos produits ?
- Est-ce qu'un leader dans votre ligne de support peut raconter des mensonges, voler des clients, inventer des distributeurs bidon et s'enfuir avec votre chien ?

Oui, ce sont des choses qui arrivent.

Et alors !

Tous ces problèmes n'ont rien à voir avec votre objectif premier soit de **dénicher et développer trois ou quatre bons leaders.** (Vous remarquez une thématique ?)

Analysons la crise #2.

De retour en Angleterre il y a de ça plusieurs années. J'animais une présentation d'affaire devant un groupe d'environ 50 personnes. C'était dans une petite salle d'hôtel au nord de l'Angleterre.

À l'arrière de la salle se trouvait un tout nouveau distributeur, une jeune femme. Elle était a accompagnée par son conjoint et leur fille âgée d'à peine 11 mois.

Dans la dernière rangée se trouvait aussi un prospect en complet veston griffé, manucure soignée, bronzage parfait, réplique de montre de luxe et… une certaine attitude. Il ressemblait au courtier en bourse New-Yorkais typique.

Que faites-vous lorsque bébé pleure ?

Durant le déroulement de ma présentation, bébé se manifestait de temps à autres en faisant un peu de bruit. Bon OK. Le bébé pleurait. Il ne pleurait pas vraiment fort, mais c'était tout de même un peu dérangeant.

Voici ma question :

Est-ce qu'un bébé qui pleure devrait changer quoi que ce soit à notre objectif de **dénicher et développer trois ou quatre bons leaders ?** (Toujours la thématique…)

Non !

Un bébé qui pleure n'est pas un problème. C'est un événement neutre. Un événement tout à fait gérable en ignorant simplement les pleurs et en poursuivant la présentation d'affaire.

C'est ce que j'ai fait.

Devinez ce qui s'est passé lorsque le meeting s'est terminé ?

Le jeune homme bien fringué a quitté précipitamment ! Il avait été complètement refroidi par les pleurs de bébé.

Il a pris soin de faire quelques remarques avant de quitter :

« Comment une entreprise professionnelle qui se respecte peut-elle tolérer qu'un bébé pleure et dérange les prospects durant une présentation d'affaire ? Je ne peux concevoir le fait de m'associer à une telle entreprise ! »

Voici donc la question à un million de dollars que vous devez vous poser en tant qu'entrepreneur et leader en marketing de réseau :

« Si mon prospect abandonne ou encore refuse de joindre mon équipe parce qu'un bébé de 11 mois pleure, est-ce que ce prospect pourrait un jour devenir un des **trois ou quatre bons leaders** dont j'ai besoin ? »

La réponse est évidente : « Non. »

Au mieux, ce prospect pourrait devenir un distributeur « temporaire. » Il quittera au premier signe de détresse, problème, stress ou contrariété. Et si son invité ne se présente pas à la présentation d'affaire ? Il sera offusqué et dévasté !

Alors, que ce distributeur « temporaire » joigne votre entreprise ou non, il n'aura aucune incidence sur la carrière à long terme de qui que ce soit. Il y aura de toute façon une panoplie d'obstacles plus importants qui feront abandonner, tôt ou tard, ce distributeur « temporaire. »

Dites-vous tout simplement que ce prospect a abandonné avant même d'avoir commencé.

Pourquoi ?

Parce qu'il a entendu pleurer une enfant de 11 mois qui n'en avait rien à cirer... **Elle ne se souciait pas de ce prospect et ignorait jusqu'à son existence !**

Ce bébé de 11 mois a aisément anéanti tout libre arbitre et pouvoir de décision chez ce prospect en costard peu avisé.

Si ce prospect laisse une fillette de 11 mois prendre ses décisions, comment arrivera-t-il à ériger une entreprise ? Difficilement.

Devriez-vous réparer les pots cassés ?

Non.

Ce serait une pure perte de temps.

Supposons que vous bannissiez les bébés des présentations d'affaire.

Vous pourriez par exemple engager des gardiennes ou encore, aviser les familles qu'elles ne sont pas les bienvenues si elles ont de jeunes enfants. Bref, vous réglez le problème des bébés qui pleurent dans vos présentations d'affaire.

Et puis quoi encore ?

- Et s'il fait trop chaud dans la salle de présentation ? Est-ce que vos prospects exigeants et sensibles bouderont aussi votre opportunité ?
- Et si le meeting de la salle adjacente est trop bruyant ?
- Et si le présentateur fait une erreur durant la présentation ?
- Et si quelqu'un souffrait d'un mauvais rhume dans la salle ?

Vous voyez le problème ?

Le problème est à l'intérieur du prospect et non dans les circonstances entourant le prospect.

Vous ne pouvez pas passer votre vie à devancer ce prospect et préparer tout le monde en disant :

- « S'il-vous-plaît, souriez lorsque vous croiserez mon prospect. »
- « Pourriez-vous éviter de dire quoi que ce soit de négatif sur la compagnie en présence de mon prospect ? »
- « S'il-vous-plaît, faites qu'il ne pleuve pas lorsque mon prospect sera en route vers le meeting. »

Ce type de prospect croit que toutes les étoiles doivent être alignées pour qu'il puisse connaître le succès. En d'autres mots, il pense que **le succès est extérieur à lui-même.**

Il dépend des circonstances pour assurer son succès. Et il souhaite que le bébé de 11 mois ne prenne plus aucune décision pour lui.

Est-ce que ce prospect deviendra un jour un de nos **trois ou quatre bons leaders ?**

Non. La fillette de 11 mois a sans doute plus de potentiel.

Le leadership n'a rien à voir avec les vêtements que vous portez.

Qui souhaiteriez-vous avoir dans votre organisation ?

1. La maman qui a invité son bébé de 11 mois et son conjoint à la présentation d'affaire ou,

2. Le prospect tiré à quatre épingles avec un peu de caractère qui laisse un bébé de 11 mois altérer son sens des affaires et son orientation de carrière ?

La réponse est encore une fois évidente une fois que vous avez compris que votre objectif se résume à **dénicher et développer trois ou quatre bons leaders.**

Les leaders sont la clé. Ils sont votre sécurité à long terme. Ils sont votre passeport pour une croissance solide et des chèques de commissions en béton.

Presque tout ce que vous faites d'autre en marketing de réseau est sans importance.

Votre objectif principal encore une fois : **dénicher et développer trois ou quatre bons leaders.**

La plupart des autres activités que nous faisons ne sont que pure perte de temps. Vous voulez des exemples ?

Discuter des politiques de la compagnie, argumenter avec les distributeurs qui savent tout, former notre lignée de parrainage, disposer les chaises pour notre présentation d'affaire, réécrire notre brochure de recrutement pour la 31e fois, replacer la table de produits, mémoriser les arguments de vente, tenir par la main les distributeurs dépendants, corriger les gens lorsqu'ils sont dans l'erreur, sermonner les distributeurs qui manquent des meeting, souhaiter que vos chèques soient plus gros, exiger l'expédition immédiate des produits en rupture de stock, demander que tous et toutes en toutes circonstances soient traités avec équité, écouter les petites injustices, consoler les gens dont l'égo a été blessé, tenter de sauver les victimes professionnelles, forcer les distributeurs à assister aux formations qui ne les intéressent pas, tenter de trou-ver quelqu'un à blâmer, espérer que les gens partagent la même vision que vous, suggérer à l'administration comment faire leur travail, etc., etc., etc.

Nous ne serons jamais des leaders à succès si on s'affaire à régler ces problèmes. Et nous ne serons jamais des leaders à succès en recrutant et en remplaçant des distributeurs « temporaires. »

Même le Président et le Pape ne peuvent pas régler tous les problèmes.

Pensez à toutes les ressources dont ils disposent. Argent ? Personnel ? Notoriété ? Et malgré tout, ils ne peuvent régler tous les problèmes. Alors qu'en est-il de nous qui disposons de beaucoup moins de ressources ? Bien entendu, nous ne pouvons pas régler tous les problèmes non plus alors, passons à autre chose.

La recette pour devenir des leaders à succès : **dénicher et développer trois ou quatre bons leaders.**

« Centre de crise en marketing de réseau, puis-je vous aider ? »

Assurez-vous de ne pas répondre au téléphone de cette façon. Assurez-vous au contraire d'éduquer vos nouveaux distributeurs sur le fait que les problèmes font partie du quotidien. Ils font partie de la vie et seront au rendez-vous demain, de même qu'à chaque jour de nos vies.

Alors plutôt que de résoudre, faire des galipettes et torturer avec les problèmes, vous n'avez qu'à les gérer et poursuivre votre chemin. Vous aurez davantage de temps libres, moins de stress, et le style de vie pour apprécier ces énormes chèques de commissions.

Et vous remarquerez à quel point il est simple et Zen de gérer les problèmes lorsque vous êtes focalisé sur le fait de **dénicher et développer trois ou quatre bons leaders.**

Par exemple, si vous demeurez à seulement 50 kilomètres du bureau chef, certain distributeurs vous demanderont :

« Pourquoi ne te rends-tu pas directement au bureau chef alors ? »

Vous pouvez répondre :

« Parce que visiter le bureau chef n'a rien à voir avec le fait de **dénicher et développer mes trois ou quatre bons leaders.** »

D'autres distributeurs demanderont :

« Pourquoi on ne peut pas avoir la saveur de chocolat pour le mélange à beignes #8 ? »

Vous répondrez :

« Qu'est-ce que ça a à voir avec le fait de **dénicher et développer trois ou quatre bons leaders ?** »

Pendant que d'autres distributeurs se plaignent :

« Marie a parlé trop longuement lors de la dernière présentation d'affaire. »

Même réponse :

« Qu'est-ce que ça a à voir avec le fait de **dénicher et développer trois ou quatre bons leaders ?** »

Vous voyez ? C'est facile.

Une fois que nous saisissons le principe et avons la bonne perspective des choses dans notre entreprise de marketing relationnel – **tout devient plus facile !**

Et finalement, dans l'éventualité où vous n'auriez pas encore noté le principe, le voici :

Notre travail en tant que leader est tout simplement de dénicher et développer trois ou quatre bons leaders.

Toutes nos autres activités de réseauteurs ne sont que du vent. Elles n'ont aucune importance.

CHOISIR COMMENT GÉRER LES PROBLÈMES DE TYPE « PERTE DE TEMPS. »

Ça vous est peut-être déjà arrivé. Votre distributeur vous appelle et dit :

« Le produit est trop dispendieux, le plan de rémunération ne paie pas assez, la direction est nulle… et tu es un parrain totalement inutile ! »

Quoi de plus désagréable qu'une conversation téléphonique avec nos distributeurs lorsqu'ils sont d'humeur maussade ?

Rien ne fonctionne, ni vous, ni la compagnie. Tout est détraqué et votre distributeur évoque 1001 raisons pour lesquelles rien ne fonctionne. Et même si votre distributeur mourrait et montait tout droit au paradis durant une de ces journées, il se plaiderait de vertige.

Que pouvez-vous y faire ?

Rien.

Le problème n'est **pas** dans les problèmes. Vous pouvez tenter de convaincre votre distributeur que tout va bien, que tout finit par s'arranger, que les choses vont s'améliorer et que tout sera bientôt réglé. Peu importe votre pouvoir de persuasion et vos arguments, c'est une bataille perdue d'avance.

Même si vous solutionniez personnellement tous les problèmes du jour, votre distributeur trouverait ou créerait d'autres problèmes. Vous êtes dans une situation où il ne peut y avoir de gagnant.

Exemple. Votre distributeur appelle et dit :

« J'ai tenté de joindre le bureau chef mais je n'ai pas réussi à obtenir la ligne. »

Que voulez-vous y faire ?

Vous pourriez certes régler le problème pour votre distributeur. Vous le prenez chez lui, le mettez dans votre voiture, le conduisez au bureau chef, vous y entrez avec lui, coupez toutes les lignes de téléphone et vous dites :

« Maintenant, parlez à mon distributeur ! »

Nous avons solutionné le problème, n'est-ce pas ? Mais une fois le problème résolu, que se passe-t-il ? Notre distributeur détecte un autre problème.

« J'ai reçu mes produits dans une boîte et je me suis coupé en ouvrant la boîte. »

OK, pas de problème. Nous plaçons une annonce dans le journal local et engageons quelqu'un pour aider notre nouveau distributeur. La description de tâche : ouvrir les boîtes de carton de notre distributeur afin d'éviter qu'il se blesse.

Dossier clos. Prochain problème sur la liste de notre distributeur :

« Mon recruteur est un enfoiré ! »

Plutôt que de prendre la chose à titre personnel, vous lui proposez :

« Pourquoi ne choisis-tu pas un autre recruteur que moi ? »

Vous avez déjà réalisé que certaines personnes auront des problèmes toute leur vie. Et qu'ils devront vivre avec ces problèmes. Vous ne pourrez jamais régler tous leurs problèmes.

Vous pouvez investir tout votre temps et tous vos efforts à prévenir et régler les problèmes afin de créer un univers parfait, mais vous n'arriverez probablement jamais à mettre le pied sur la ligne de départ et développer votre entreprise en marketing de réseau… n'est-ce pas ?

Souvenez-vous, le Président et le Pape, et même la Reine d'Angleterre ont à leur disposition des ressources presque illimitées. Et malgré tout, ils n'arrivent pas à régler tous les problèmes.

Avec nos ressources limitées, nous n'avons aucune chance.

Alors, si vous ne pouvez pas régler tous les problèmes, que pouvez-vous faire ?

Comme je l'ai déjà mentionné auparavant, le problème ne réside pas dans les problèmes eux-mêmes. Le véritable problème se situe à **l'intérieur** de la tête de votre distributeur. Votre distributeur a pris la décision que le succès n'est **pas en lui.**

Votre distributeur a déjà décidé que le succès est **hors de son contrôle** et qu'il ne pourra le trouver que dans les circonstances extérieures. En d'autres mots, il ne croit pas pouvoir connaître le succès puisque le succès n'existe que dans un monde parfait, avec les gens parfaits, les produits parfaits, les prix parfaits, le plan de rémunération parfait... enfin, vous saisissez l'absurdité de la chose.

Notre monde est rempli de problèmes. Ils ne disparaissent pas – ils demeurent. Alors le succès doit être atteint en naviguant parmi cette omniprésence de problèmes au quotidien.

Décider ou ne pas décider. Là est la question.

Les leaders comprennent le succès. C'est comme si quelqu'un nous avait donné le livret d'instruction. Nous savons que dans chaque situation, certaines personnes ont du succès, et d'autres pas. Alors si le succès n'est pas relié à la situation, il doit nécessairement dépendre de la personne.

Pourquoi certaines personnes ont du succès et d'autres pas – dans les **mêmes** circonstances ou situations ?

La réponse se situe dans les 15 centimètres qui séparent nos deux oreilles. C'est la façon dont nous **décidons** de penser.

Oui, le mot-clé ici est : « décidons. »

C'est une décision personnelle sur notre mode de pensée. Nous ne sommes pas soumis à un contrôle cérébral par de vilains malfaiteurs. Aucune loi ne nous interdit de choisir notre façon de réfléchir. Nous avons le pouvoir de déterminer notre façon de penser en tout temps et dans toutes les situations.

Cette décision qui nous appartient est le facteur déterminant du succès. En voici une démonstration toute simple.

Wow ! Je suis ici !

Lors d'un récent atelier de formation, je traitais des décisions que nous prenons à l'intérieur de notre esprit. Le groupe et moi avons échangé :

Moi : Avez-vous fait face à quelques problèmes pour vous rendre ici aujourd'hui ?

Groupe : Nous avons dû prendre une journée de congé. C'est un jour de semaine. C'est un problème majeur.

Moi : Est-ce que ce problème a empêché plusieurs de vos distributeurs d'être ici aujourd'hui ?

Groupe : Oui, ils ont **décidé** qu'ils ne pouvaient pas prendre congé.

Moi : Mais vous avez tout de même **décidé** de venir, n'est-ce pas ?

Groupe : Nous avons **décidé** de venir et de prendre congé en effet.

Moi : Avez-vous été immobilisés dans le trafic pour vous rendre ici ?

Groupe : Oui, la circulation était terrible.

Moi : D'autres problèmes sont survenus ?

Groupe : Il pleut abondamment. Il y a même des inondations à certains endroits. Mais nous avons tout de même **décidé** de venir.

Moi : Autre chose ?

Groupe : Quelques uns de nos amis nous ont traités de fous de croire que nous pourrons bâtir notre propre entreprise. Nous avons **décidé** de les ignorer et d'être ici.

Moi : Et puis le stationnement ? Il n'y a pas beaucoup d'espaces à proximité… je me trompe ?

Groupe : Nous avons dû stationner à quelques pâtés de maison et courir sous la pluie. Ceci dit, nous sommes venus de si loin que nous avons **décidé** de ne pas rebrousser chemin. Nous étions un peu détrempés, c'est tout.

Moi : Alors vous êtes venus assister à cette formation aujourd'hui malgré l'existence de tous ces problèmes **non résolus,** n'est-ce pas ?

Groupe : Nous sommes ici. Les problèmes sont encore actifs. Nos distributeurs ont décidé que tous ces problèmes devront disparaître avant de pouvoir assister aux formations et connaître du succès. Vous savez quoi ? Il y aura toujours du mauvais temps, de longues distances à parcourir, des défis de stationnement, des jours moins propices et… **argh !** Nos distributeurs n'auront jamais de succès s'ils croient que les problèmes doivent d'abord disparaître ! !

Moi : Et si vos distributeurs abandonnent pour une autre compagnie ?

Groupe : Même s'ils choisissent une autre compagnie, il y aura toujours du mauvais temps, de longues distances à parcourir, le stationnement difficile, des concessions à faire… Hé ! Le fait de changer de compagnie ne règle rien. On ne fait que vivre les **mêmes problèmes** avec une autre compagnie.

Moi : Alors que pouvez-vous faire pour aider vos distributeurs si vous ne pouvez pas régler tous les problèmes ?

Groupe : La seule chose que nous pouvons faire est d'enseigner à nos nouveaux distributeurs qu'ils ont le pouvoir de prendre leurs propres décisions. Ils peuvent regarder le problème et choisir le groupe auquel ils préfèrent appartenir : le groupe qui **décide** que les problèmes sont **plus grands** que le désir d'accéder au succès, ou le groupe qui **décide** que le désir d'accéder au succès est **plus grand** que les problèmes.

Alors pourquoi les distributeurs sans succès se plaignent, échouent et abandonnent ?

Parce que leur recruteur ne leur a jamais dit la vérité au sujet des problèmes. La plupart des distributeurs croient que les problèmes doivent être réglés. Ils n'ont jamais réalisé que les leaders qui connaissent du succès dans leur compagnie vivent **exactement les mêmes problèmes,** et qu'ils continuent à connaître du succès.

Ils ne saisissent pas que les problèmes existent. Que la plupart du temps, on ne peut pas les régler. Mais que nous pouvons cependant, décider de quelle façon nous réagissons au problème.

Je crois que notre travail est d'informer nos nouveaux distributeurs que tous leurs problèmes se situent dans les 13 centimètres entre leurs oreilles. Cette sensibilisation les aidera à trouver la source de la solution lorsqu'ils s'entendront dire : « Dans ma tête, le véritable problème est que… »

Qui prend part à cette croisière ?

Depuis 25 ans, j'organise la « MLM Cruise » (croisière exclusivement réservée aux passionnés de marketing de réseau). Des réseauteurs de partout dans le monde se rassemblent pour se prélasser sur la mer durant sept jours et partager des connaissances. Laissez-moi partager avec vous quelques uns des problèmes et justifications que pourraient utiliser ces réseauteurs pour ne PAS s'inscrire à cette croisière :

- On doit prendre une semaine de congé.
- On doit épargner de l'argent pour les billets d'avion.
- On doit épargner de l'argent pour payer la croisière.
- Impossible de trouver une gardienne pour une semaine complète.
- C'est une période importante au boulot.
- Nous avons le mal de mer.
- Personne n'a offert de payer mes dépenses.
- On n'a jamais fait quelque chose du genre.
- Que penserons les voisins ?
- On doit aussi payer des taxes portuaires !
- Les cabines sont trop petites.

- Il n'y aura rien à faire.
- On ne connaîtra personne.

Et malgré tous ces problèmes (je devrais ajouter qu'aucun de ces problèmes n'a été réglé), chaque année, des réseauteurs des quatre coins du globe **décident** tout de même d'y participer.

Prendre part à cette croisière n'a **rien à voir** avec les problèmes. Il suffit de décider d'y participer.

Il y a donc, chaque année, des milliers de réseauteurs qui « aimeraient » faire cette croisière, mais qui ont abandonné l'idée – à cause des problèmes…

Existe-t-il des problèmes et des raisons qui justifient votre perception que votre entreprise ne fonctionnera pas ?

Bien entendu. Des tas de problèmes et raisons peuvent anéantir vos chances de succès… n'est-ce pas ?

Faux.

Les problèmes n'ont rien à voir avec le succès. Les problèmes sont extérieurs à nous et nous pouvons **décider** quoi en faire.

Nous pouvons penser :

« Bien sûr il y a des problèmes. La plupart de ces problèmes font même partie du quotidien. Ceci dit, d'autres leaders connaissent tout de même le succès, malgré des problèmes. Je crois que je vais **décider**, moi aussi, d'avoir du succès. »

Ou nous pouvons penser :

« Bien sûr que les problèmes existent. C'est la raison pour laquelle je n'arrive pas à connaître le succès. Pauvre de petit moi. J'aimerais tant que maman règle tous mes problèmes à ma place. Le monde a dressé des clôtures entre moi et le succès. Ces problèmes sont beaucoup plus grands que mon désir de succès. Je suis une victime professionnelle. Je crois que je vais **décider** d'abandonner. »

Est-ce que nous pensons vraiment de cette façon ?

Oui.

Légèrement pathétique n'est-ce pas ? Je crois que nous devrions tous garder nos conjoint(e)s et amis à proximité pour nous rappeler que nous avons **décidé** d'adopter cette « attitude de perdant. » Hmmm. certaines personnes se feront un plaisir d'accepter ce mandat.

Jetons un coup d'œil à quelques uns des problèmes que l'on rencontre fréquemment dans le marketing de réseau. Voyons si ces problèmes sont réellement plus grands que notre désir de succès.

Problèmes.

- Les produits sont trop dispendieux.
- Les frais d'expédition sont trop élevés.
- Mon recruteur ne m'aide pas.
- Je souhaiterais que mon recruteur ne m'aide pas.
- Ils n'ont pas mentionné mon nom dans le bulletin mensuel.

- Les commandent sont livrées en retard.
- Des erreurs dans le relevé mensuel.
- Le montant du chèque de commissions était erroné.
- Personne ne m'écoute.
- La compagnie se moque de mes problèmes.
- Les réunions se déroulent trop loin.
- Le plan de rémunération n'est pas assez généreux.
- Nos compétiteurs n'ont pas de problèmes (on se sent vraiment déchirés ici).
- Nous devrions recevoir un salaire.
- Nous devrions être payé pour nos efforts et non pour les résultats.
- Mon équipe travaille fort mais se décourage.
- Il n'y a pas assez de profits sur les ventes au détail.
- Nous n'avons pas de vidéo percutante à montrer aux prospects.
- Le président refuse de me parler.
- Personne ne fait d'argent.
- Personne n'arrive à générer des ventes.
- Personne ne recrute.
- Les volumes requis sont trop élevés.
- Les volumes requis sont trop bas.
- Nous devrions être payés deux fois par jour.
- La trousse de distributeur est trop difficile à lire.
- La compagnie insiste sur l'importance des formations pour avancer.
- La compagnie n'offre pas de formations.
- La compagnie devrait changer le plan de rémunération.
- La compagnie fait trop de changements.
- Mon équipe ne m'appelle jamais.

- Personne n'est intéressé à adhérer.
- Le nouveau distributeur n'en fait pas assez.
- Les leaders n'en font pas assez.
- Nous devrions avoir un « bonus de signature » à chaque adhésion.
- La communauté qui m'entoure est trop conservatrice.
- Mon épouse ne me comprend pas.
- Mes enfants ne m'écoutent pas.
- Mon emploi me demande trop de temps.
- Les samedis sont réservés au football.
- La compagnie fait trop d'erreurs.
- Mes distributeurs vont probablement tous joindre la prochaine « nouvelle » compagnie.
- Je suis parfait et le reste du monde désapprouve.
- Le formulaire est difficile à remplir.
- C'est trop difficile.

Malgré tous ces problèmes, des leaders dans toutes les compagnies connaissent tout de même du succès ! ! !

Et ces leaders ont exactement les mêmes problèmes que nous.

POURQUOI TANT D'EMPHASE SUR LA GESTION DE PROBLÈMES ?

Parce que les problèmes arrivent. Et continueront à se présenter. Et parce que vous ne pouvez pas secourir votre leader potentiel à chaque fois qu'il dit :

« Oh non, on a un problème. Et il s'agit d'un énorme problème. Je sens le désastre qui approche. »

Au moins un événement désagréable touchera votre entreprise cette année. Ainsi va la vie. Inutile d'en faire tout un plat.

Aucune entreprise ne peut jouir d'une suite perpétuelle d'événements chanceux, agrémentés par d'heureux hasards, et ponctué de nouvelles extraordinaires.

Soit nous enseignons à notre nouveau leader potentiel à gérer les problèmes… soit nous n'avons aucun nouveau leader entre les mains.

Je ne connais personne ayant eu la chance d'intégrer l'entreprise parfaite, au moment parfait, avec le produit parfait, le prix parfait, le marché idéal, le plan de rémunération extraordinaire, le recruteur parfait et naturellement, l'équipe parfaite.

Et vous ?

On souhaite tous que la chance nous accompagne en permanence, mais de temps à autres, quelqu'un piétine sur nos rêves. Et pour certains d'entre nous, des gens piétinent davantage et plus souvent.

Si vous ne pouvez imaginer de problèmes présents votre entreprise de marketing de réseau, voyons si ceux-ci vous semblent familiers :

- Votre compagnie cesse de produire et discontinue le produit favori de votre organisation.
- Le quotidien local rapporte que le président de votre compagnie est en fait un extra-terrestre à deux têtes qui offre des animaux en sacrifice dans un endroit secret.
- Vos distributeurs mécontents lancent leur propre compagnie et s'emparent vos leaders.
- Ou, parmi les milliers de commandes de produits traitées, votre compagnie commet une erreur sur une commande (angoisse, détresse, catastrophe… sonnez vite l'alarme !)

Alors qu'arrive-t-il lorsque votre entreprise fait face aux problèmes occasionnels mais inévitables ?

Est-ce que vous perdez vos leaders ? Vous passez des heures au téléphone pour tenter de préserver votre organisation ? Est-ce que vous vous confondez en excuses, sympathisez et vous rongez les sangs toute la nuit ?

J'espère bien que non.

Vous devriez plutôt tenter **d'anticiper** les problèmes. Votre compagnie aura des problèmes, votre lignée de parrainage aura des problèmes, votre équipe aura des problèmes, ainsi soit-il ! Si vous pensez que les problèmes vont contourner votre entreprise, faites-moi confiance, cette illusion ne saurait durer.

Comment préparez-vous vos leaders aux mauvaises nouvelles, ruptures de stock, erreurs de reconnaissances, politiques de jalousie, égos blessés, appels croisés ou non retournés, etc. ?

Simple.

Dites-leur **d'emblée** la vérité.

Vous pouvez dire quelque chose comme :

« Jean, avant de t'investir complètement dans le développement de cette entreprise, tu dois connaître les **faits.**

« Notre compagnie **n'est pas parfaite.** Des problèmes vont survenir. Pire encore, notre compagnie emploie des **humains**, et tu sais comment les humains commettent des erreurs. La bonne nouvelle est que notre compagnie fait des pieds et des mains pour réparer les erreurs lorsqu'elles se produisent. Voilà. Maintenant que tu es conscient qu'il y aura des problèmes dans le futur, **es-tu toujours prêt à t'investir totalement** pour développer ton organisation ? »

Règle générale, Jean répondra :

« Pas de problème. Je comprends qu'il y aura des hauts et des bas. Merci de jouer franc jeu avec moi. Il y a des problèmes dans tous les emplois et les entreprises alors je ne suis pas assez naïf pour croire à la perfection. »

Excellent. Lorsque le problème inévitable survient, vous avez préparé votre leader pour une petite discussion. Supposons que le problème du mois est le suivant :

La compagnie a changé l'étiquette de vert pâle à vert foncé.

Quuuooiiiii ?

Ça y est, votre organisation est maintenant sur le qui-vive.

Vos leaders songent à changer de compagnie pour un étiquetage vert très pâle. Ils jurent que s'ils demeurent avec la compagnie, ils n'accepteront plus jamais de vivre un autre changement de couleur de la sorte. Leurs clients se plaignent. Les distributeurs sont confus. Ce problème a provoqué une crise majeure qui met en péril la motivation et la confiance de toute votre organisation.

Mais heureusement, vous aviez eu la sagesse de préparer votre équipe à d'éventuels problèmes. Voici pouvez donc désamorcer la bombe :

« Jean, tu te souviens de notre conversation de départ, lorsque tu as décidé de t'investir totalement dans ton entreprise ? Nous avions discuté des problèmes qui se présenteraient sur la route pour nous mettre quelques bâtons dans les roues ?

« Et bien, ce changement de couleur d'étiquette en est un exemple. Ça semble être un problème majeur en ce moment, mais si l'on le met en perspective sur une carrière de dix ou vingt ans, ça n'est qu'un problème parmi tant d'autres. Parfois on saute pardessus, parfois on prend un peu de recul pour mieux rebondir.

Mais en général, en tant que leaders, on focalise sur le progrès continuel à long terme.

« C'est ce qui nous différencie du distributeur moyen qui abandonne à la **première** mauvaise expérience. Il doit alors tout recommencer et développer une nouvelle équipe avec une nouvelle compagnie. Cela représente beaucoup de temps et d'argent à investir en formations et en redémarrage. Et les revenus sont très maigres durant ces périodes de transition.

« D'autant plus que lorsque le distributeur moyen commence à générer des profits avec sa nouvelle compagnie de marketing de réseau, BANG ! Un autre problème survient. C'est vraiment ce qui différencie le réseauteur moyen et les leaders comme nous, Jean. Ils ne font jamais vraiment beaucoup d'argent puisqu'ils n'ont pas de vision à long terme.

« Je parie que si leur mère leur servait un mauvais repas, ils ne la visiteraient plus jamais. Si leur banque commettait une erreur dans leur compte chèque, ils cesseraient d'utiliser l'argent. J'espère bien que toi et moi pourrons diffuser rapidement le message dans ton organisation qu'il s'agit d'un problème comme un autre sur le sentier du succès. Je suppose que la plupart auront comme nous le sens des affaires suffisamment aiguisé et la vision d'ensemble pour garder le cap. »

Est-ce que votre discours d'encouragement fonctionnera ?

Pas toujours.

Mais c'est certainement mieux qu'aucun discours. Et cette stratégie fonctionne toujours mieux lorsque vous avez avisé d'emblée votre leader que la compagnie n'est pas parfaite et qu'il doit anticiper quelques problèmes sur le chemin.

Pourrez-vous sauver les distributeurs dans l'équipe de votre leader ?

Pas tous.

Plusieurs nouveaux réseauteurs croient que pour connaître du succès, il suffit de remplir un formulaire avec la nouvelle compagnie qui fait sensation qui n'aura **jamais** de problèmes. Ils ne conçoivent pas que le succès en marketing de réseau requiert du travail, de la patience et une implication à long terme. Vous aurez un pincement au cœur lorsqu'un de vos nouveaux distributeurs vous dira :

« Je ne veux plus rien entendre à propos du marketing de réseau. J'ai travaillé fort durant deux semaines sur une opportunité et puis les problèmes se sont présentés. Ça a complètement ruiné mes chances de succès dans la vie. »

Je me demande si son emploi requiert deux semaines de travail pour recevoir une rente à vie ?

Lorsqu'un distributeur recherche une excuse pour ne pas s'impliquer, toutes les excuses seront valables.

Je n'ai jamais vu de panneau indiquant :

Tout le monde aime les perdants.

Vous pouvez aussi appliquer ce principe de gestion de problèmes avec vos nouveaux distributeurs. Si vous avez légèrement le sens de l'humour, vous pourriez dire ceci à votre tout nouveau distributeur. Au moment de signer l'application et prendre son argent, dites-lui :

« Oh, j'ai oublié de te dire quelque chose. La semaine prochaine, notre compagnie aura un problème, un gros problème qui affectera nos entreprises. »

Alors le distributeur, sentant sa gorge se nouer, répondra :

« Quoi ? Un gros problème ? Quel sera ce gros problème ? »

Vous répondez simplement :

« Bien, je ne sais pas. Chaque semaine il y a un problème dans notre entreprise. Je voulais juste que tu sache que l'entreprise parfait n'a pas encore été créée. Que les problèmes feront partie du parcours. »

Lorsqu'un problème survient la semaine suivante, vous pouvez dire à votre nouveau distributeur :

« Tu vois, je t'avais dit qu'il y aurait un problème. »

Alors quelle est la différence ?

Les leaders ont choisi cette forme de pensée :

« Je choisis de connaître du succès dans cette entreprise. Même si je solutionnais tous ces problèmes, il y en aura de nouveaux. Je vais me concentrer sur le développement de mon entreprise, tout simplement. »

Si c'est si facile, pourquoi on ne pense pas tous de la bonne façon ?

La plupart du temps, il y a un problème encore plus important en jeu. Un problème plus important que tous les problèmes que j'ai énumérés jusqu'ici dans ce livre. Quel est ce problème ? L'image de soi (l'image propre).

Assez parlé des problèmes. Pour terminer ce premier volume sur le leadership, apprenons quelques trucs pour stimuler la croissance personnelle et la confiance en soi chez nos leaders potentiels afin de calibrer leur image propre.

NOTRE IMAGE PROPRE.

Il n'y aura jamais suffisamment de pages dans ce livre pour couvrir adéquatement le sujet de l'image de soi. Je vais laisser ce plaisir aux professionnels en la matière : les psychologues.

Ceci dit, jetons un coup d'œil éclair à l'image de soi dans la mesure où elle interfère avec notre mode de pensée.

Premièrement, il est facile d'accepter le fait que tout le monde, incluant nous même, possède une image propre. C'est la façon dont on se perçoit, dont on se voit, dont on évalue notre valeur propre. C'est la façon dont on s'auto-décrit à nous-mêmes.

Deuxièmement, il n'est **pas** facile, pour quiconque, de regarder de façon neutre et lucide l'image de soi et son influence dans nos vies.

Troisièmement, notre image propre nous empêchera toujours de connaître plus de succès que ce qu'elle perçoit. Pour ce faire, **elle transformera les problèmes et les justifications d'échecs en vérités absolues dans nos esprits.** Notre image propre nous maintiendra au niveau de succès ou d'échec avec lequel nous sommes confortables.

Vraiment ? Est-ce que notre image de soi pourrait même écarter nos chances de succès ?

Oui.

Jetons donc un bref regard à l'image de soi que nous avons de nous-mêmes, et sa façon de dicter à notre esprit comment réfléchir.

Si nous nous **percevons** comme des **perdants**, est-ce que les prospects et nos distributeurs le ressentiront dans notre voix et nos actions ? Oui.

Vous avez déjà rencontré quelqu'un avec une piètre image propre ? Même s'il arrive à faire une présentation d'affaire parfaite, son image propre sabotera la fin de sa présentation :

«... Tu n'es probablement pas intéressé. Personne ne souhaite vraiment adhérer. Tous ceux à qui j'ai parlé ont dit non. L'économie est vraiment mauvaise. Il pleut parfois très fort dans le secteur. La compagnie ne paie pas beaucoup. Mon recruteur ne m'aide pas. Il semble que je choisis toujours la mauvaise opportunité. En fait, je ne sais pas pourquoi je suis ici... »

En contrepartie, si nous nous percevons comme était des gagnants, croyez-vous que prospects et distributeurs le percevront dans notre voix et nos actions ? Oui.

C'est une image de soi plus attrayante. Les prospects et distributeurs souhaitent s'associer avec nous. Ils sentent que nous avons ce qu'il faut, les compétences, l'information et, que nous sommes en mission. Ils souhaitent copier notre succès.

Est-ce que certains distributeurs s'imaginent vraiment en perdants, en ratés ?

Oui.

Regardez autour pour le constater. Écoutez les gens lorsqu'ils disent :

- « Oh, ça m'arrive tout le temps. »
- « Oh, je ne gagne jamais à ces choses là. »
- « Personne ne voudra jamais faire cela. »
- « Je suis persuadé que je ne peux pas y arriver. »
- « Seuls les autres peuvent avoir cette chance. »
- « Personne ne m'aime. »
- « C'est trop difficile. »
- « Je ne peux pas avoir de succès parce que… »
- « C'est impossible d'avancer parce que… »
- « Personne ne voudra se joindre à moi parce que… »

Toutes ces phrases proviennent des **esprits** de ces distributeurs. Et leurs esprits sont **contrôlés** par leurs images propres.

- Ils se perçoivent comme étant vaccinés contre le succès.
- Ils se perçoivent comme des victimes.
- Ils se sentent constamment limités et confrontés à des problèmes dans leurs vies.

Certaines personnes se définissent et définissent leurs vies comme une suite interminable de problèmes. Si vous arriviez à éliminer tous les problèmes, ils perdraient leurs repères et ne sauraient plus qui ils sont !

Nous devons nous poser la question :

« Comment je me perçois : comme une victime de multiples problèmes ? Ou comme le maître de ma destinée ? Est-ce que mon succès dépend des autres ? Des décisions des autres ? De la température ? Du plan de rémunération ? De l'infolettre de la compagnie ? »

La façon dont nous nous percevons (image de soi) détermine notre façon de penser et les décisions que nous prenons.

Besoin de preuves supplémentaires validant que l'image de soi contrôle nos esprits et nos décisions ?

Vous avez déjà entendu parler d'une personne sur l'aide sociale qui gagne des millions de dollars à la loterie ? Qu'arrive-t-il en général après quelques années ?

Cette personne est à nouveau fauchée.

L'image propre de cette personne est demeurée au stade de prestataire de l'aide sociale. Cette personne a donc accumulé les mauvaises **décisions** dépensé son argent sans compter (bijoux, voitures, billets de concert, restaurant de luxe, système de son, voyages, vêtements griffés, courses de chevaux) afin de retrouver sa zone de confort financière : l'assistance sociale.

Si cette personne avait eu une image de soi d'investisseur à succès ou de riche entrepreneur, elle aurait sans doute **décidé** d'investir dans des actions, l'immobilier et autres actifs et revenus passifs.

Vous avez déjà entendu parler d'un millionnaire ayant perdu sa fortune ? Que se passe-t-il après quelques années ?

Il est redevenu millionnaire.

Son image propre était celle d'un millionnaire. Toutes ses décisions se sont donc orientées vers le rétablissement de ses gains et, par conséquent, de son statut et son image propre de millionnaire.

L'image de soi ancrée en lui a été le carburant nécessaire pour faire des heures supplémentaires, épargner et investir de façon stratégique afin de retrouver sa zone de confort.

Ah non ! Mais j'essayais simplement d'aider !

Vous avez déjà vécu une expérience du genre ?

Vous avez recruté quelqu'un dont les finances sont fragiles et vous vouliez l'aider à réussir.

Vous avez travaillé très fort. Vous avez fait le taxi pour lui permettre de participer aux formations. Vous avez fait ses appels à sa place. Vous avez acheté des produits pour lui. Vous avez même recruté quelques distributeurs et les avez placés dans son organisation ! Bref, vous avez fait tout en votre pouvoir pour faire croître son entreprise.

Et après tout ce travail, il a échoué. La magie n'a pas opérée.

- Il n'a jamais développé d'organisation.
- Il n'a jamais appelé les distributeurs que vous avez recrutés pour lui.

- Il a reçu des amis chez lui plutôt que de se présenter au meeting.
- Il a fait du temps supplémentaire au boulot plutôt que d'accompagner un super prospect à la présentation d'affaire.
- Il a oublié de commander des produits le mois dernier.
- Il a investi son budget discrétionnaire dans des billets de loterie plutôt que dans des outils pour son entreprise.
- Il a dit qu'il était effrayé à l'idée d'appeler ses amis.
- Il ne se sentait pas capable d'approcher les membres de sa famille.
- Il a dit être nul pour s'adresser aux étrangers.
- Il n'avait jamais de temps de participer aux formations.
- Il a parlé aux distributeurs que vous avez placés dans son équipe et ils ont abandonné !

Vous voyez le tableau ?

Il fait tout ce qu'il peut pour échouer et pour demeurer au point mort financièrement parce qu'il est confortable avec l'image propre de quelqu'un en difficulté financière.

Peu importe le temps et l'énergie que vous investirez pour cette personne, elle sabotera vos efforts.

Si elle reçoit un chèque de commissions, elle le dépensera pour des biens personnels plutôt que l'investir dans son entreprise.

Si son organisation connaît une croissance, elle leur rappellera tous les problèmes qui les tiendront loin du succès.

Vous ne pouvez rien faire pour que cette personne réussisse.

La seule façon pour cette personne de connaître le succès est de **changer** son image de soi. C'est un travail intérieur, une démarche personnelle.

Et changer son image propre est très, très inconfortable.

Pourquoi ?

Parce que vous devez d'abord admettre et affronter votre image propre actuelle.

Quelle est votre image propre actuelle ?

Voici une façon instantanée d'obtenir un Polaroïd de votre image propre. Prêts ?

Pensez à ce que vous êtes et où vous en êtes en ce moment.

Voilà ! C'est votre image propre.

Par exemple, quelle est votre image propre au niveau financier ? (Et oui, il y a plus dans la vie que les finances, mais nous allons nous attarder à ce volet de l'image propre pour l'instant.)

- Si vous gagnez 1,000$ par mois, alors vous avez une image propre de 1,000$.
- Si vous gagnez 5,000$ par mois, alors vous avez une image propre de 5,000$.
- Si vous gagnez 10,000$ par mois, alors vous avez une image propre de 10,000$.

Simple n'est-ce pas ?

Le plus **difficile** est **d'admettre** que c'est bel et bien notre image propre. La plupart d'entre nous détestons prendre la responsabilité de ce qui est ou ce qui arrive.

Il y a quelques exceptions à la technique Polaroid.

Par exemple, si nous visitions le prestataire d'aide social le lendemain de son gain à la loterie, et bien, il est totalement riche ! Mais il travaille activement afin de retrouver son image de soi.

Ou si nous visitions le millionnaire dans les jours suivant sa faillite, et bien il est tout à fait pauvre. Mais ça n'est pas l'image qu'il a en tête. Il travaille donc activement à retrouver son statut de millionnaire et le style de vie qui y est associé.

Comment savoir si quelqu'un est en transition comme notre gagnant de loterie ou le millionnaire déchu ?

Lorsqu'une personne travaille activement pour **changer** sa situation. Ou lorsque vous croisez quelqu'un qui demeure très motivé malgré l'adversité et les problèmes à affronter.

Vous voyez, la véritable motivation s'active lorsque les circonstances extérieures **ne correspondent pas** à notre image propre.

Mais la plupart d'entre nous ne faisons que **vivre** notre image propre.

Êtes-vous satisfait de votre image propre financière actuelle ?

C'est facile à déterminer.

Si vous travaillez fort...

surmontez les obstacles, les objections et les problèmes, cela signifie que votre situation financière actuelle est en deçà de votre image propre financière. Vous êtes hautement motivé à améliorer les choses afin de retrouver votre niveau de confort.

Si vous êtes en paix avec votre situation actuelle...

assistez occasionnellement aux meetings et faites des présentations de temps à autre, alors votre situation actuelle est en harmonie avec votre image propre financière. Bien entendu, vous pouvez le nier, mais vos actions en disent davantage que vous paroles. Vous continuerez à éviter les situations de rejet et les nouveaux engagements ; bref, vous continuerez à jouir de la vie que vous avez.

Si vous sabotez votre entreprise...

vous vous lamentez sur le plan de rémunération, vous souciez du prix des produits, transmettez vos pensées négatives à votre lignée de support et à votre organisation, militez pour des changements au bulletin d'information de la compagnie, vous souciez des politiques internes, alors votre situation actuelle est **supérieure** à votre image propre. Vous continuerez à saboter votre entreprise jusqu'à ce que vous ayez réduit vos revenus au niveau de confort de votre image propre. Vous pourrez enfin respirer.

Pour changer notre situation actuelle, il faut d'abord changer notre image propre.

Par exemple, mon poids actuel est de 170 livres. Je suis confortable à ce poids. Je ne suis pas motivé à perdre du poids, même si j'ai 20 livres en trop.

Bien entendu, je parle régulièrement de perte de poids. Je me fixe des objectifs, je fais de l'exercice à l'occasion, mais peu importe ce que je fais, je semble doser mon appétit et mes séances d'exercice au niveau idéal pour maintenir mes 170 livres.

Alors, que comment vous évaluez mon image propre au sujet de mon poids ?

Mon image propre est à 170 livres.

Et rien ne changera tant que je maintiendrai cette image. Les diètes ne fonctionneront pas, l'exercice non plus, ni les spas santé, les changements d'alimentation ou autres.

Vous comprenez ?

Ne m'écoutez pas et ne me croyez pas lorsque je dis que je désire perdre du poids.

Regardez plutôt où j'en suis aujourd'hui. C'est le reflet de mon image propre.

(Petite parenthèse, je songe à changer mon image propre au sujet de mon poids. Je pense à une image à 180 livres afin de pouvoir manger plus de mets mexicains.)

N'écoutez pas vos distributeurs !

Observez plutôt là où ils en sont aujourd'hui. Soyez attentifs aux actes d'amélioration ou de sabotage de leurs entreprises. Leurs actions parleront si fort que vous vous n'aurez pas à les écouter dire qu'ils « veulent réussir » et tous ces « grands objectifs » qu'ils se fixent.

Ces mots sont sans importance. Ils permettent simplement à votre distributeur de « ressentir » qu'il bouge et fait quelque chose pour avancer tout en restant immobile dans sa zone de confort, son image de soi.

Faites ce test.

Q. Un nouveau distributeur vous approche et dit :

« Je n'ai tout simplement pas de prospects. Je n'ai personne à qui parler. Pourrais-tu placer une annonce pour moi ? Pourrais-tu trouver des gens à qui je pourrais parler ? »

Différentes façons de répondre :

1. Placer une annonce. Même si votre distributeur n'a pas suffisamment de motivation pour trouver quelqu'un à qui parler, vous sentez qu'une publicité à 200$ fera de lui un distributeur à succès.

2. Chaque matin vous faites du porte à porte pour approcher des étrangers. Si l'un d'eux est prêt à vous écouter, vous lui dites : « Attendez, laissez-moi appeler mon nouveau distributeur pour qu'il puisse vous parler. »

3. Fournir à votre nouveau distributeur un nouveau fichier audio de 30 minutes pour l'aider à générer plus de prospects. Même si votre distributeur a déjà écouté 121 formations audio, vous sentez que votre nouveau distributeur est à une idée de connaître le succès.

4. Dire à votre nouveau distributeur : « Parlons de l'image de soi. Inspectons la façon dont on décide d'avoir du succès ou non. Observons comment les esprits fonctionnent en réalité. »

Alors quelle option avez-vous choisie ? J'espère que vous avez opté pour l'option #4.

Passons à la seconde question de ce test.

Q. Un nouveau distributeur vous approche et dit :

« Les produits ne fonctionnent pas, la compagnie n'est pas dans la bonne ville, l'infolettre est froissée, le plan de rémunération est injuste, la concurrence est parfaite et mon chien m'a mordu. »

Votre réponse est :

1. Trouver de nouveaux produits, aider le bureau chef à changer de ville, utiliser un fer pour repasser son infolettre, changer le plan de rémunération pour lui donner plus que sa juste part, donner aux concurrents quelques problèmes et acheter une muselière à son chien.

2. Sombrer dans le désespoir et abandonner votre entreprise.

3. Recommencer à boire.

4. Dire à votre nouveau distributeur : « Parlons de l'image de soi. Inspectons la façon dont on décide d'avoir du succès ou non. Observons comment les esprits fonctionnent en réalité. »

Alors quelle option avez-vous choisie ? Encore une fois, j'espère que vous avez opté pour l'option #4.

Comment faire évoluer l'image propre d'un leader potentiel ?

Voici la réponse courte.

« Développement personnel. »

L'image de soi et la confiance en soi proviennent de l'intérieur. Depuis des décennies, les leaders en marketing de réseau ont guidé les gens vers des livres de motivation, des séminaires de croissance personnelle et des programmes audio.

Demandez-vous : « Est-ce que mes leaders potentiels se nourrissent de livres et de fichiers audio sur le développement personnel ? Que font-ils pour améliorer et développer leur image propre et leur confiance en eux ? »

Si la réponse est : « Rien, » alors la tâche vous revient. Et croyez-vous avoir suffisamment de temps dans une journée pour renforcer votre leader potentiel ? Le complimenter sur chaque pas en avant qu'il effectue ? Lui lire des affirmations positives chaque soir avant de se coucher ?

Probablement pas.

Développer son image propre et son assurance est quelque chose que votre leader potentiel peut faire par lui-même pendant que vous vous affairez à lui enseigner les compétences du leadership.

Simplifiez-vous la vie. Invitez vos leaders potentiels à adopter une routine de développement personnel par les livres et fichiers audio.

Développer l'image et la confiance en soi peut se faire tout en apprenant à maîtriser sa façon de percevoir les problèmes. Cette première étape sur la route du leadership est une étape très importante, alors commencez maintenant.

MERCI.

Merci d'avoir acheté et lu ce livre. J'espère que vous y avez trouvé des idées qui fonctionneront pour vous.

Avant que vous ne quittiez, pourrais-je vous demander une petite faveur ? Vous pourriez prendre une minute et laisser un commentaire d'une phrase ou deux à propos de ce livre en ligne ? Votre évaluation pourrait aider d'autres personnes à choisir leur prochaine lecture. Ce sera grandement apprécié par bon nombre de vos amis lecteurs.

BIG AL
WORKSHOPS

**Ce livre est dédié aux gens de marketing
de réseau de partout.**

Je voyage de par le monde plus de 240 jours chaque année.
Laissez-moi savoir si vous souhaitez que tienne une formation
(Big Al Training) dans votre secteur.

→ **BigAlSeminars.com** ←

D'AUTRES LIVRES DE BIG AL BOOKS
La liste complète à :
BigAlBooks.com/French

L'histoire Deux-Minutes pour le Marketing de Réseau
Comment Créer une Vision D'ensemble qui Restera
Gravée !

**Guide de Démarrage Rapide en Marketing
Relationnel**
Démarrez RAPIDEMENT, SANS Rejet !

La Présentation Minute
Décrivez votre entreprise de marketing de réseau
comme un Pro

**Tout Sur les Suivis Auprès de Vos Prospects en
Marketing de Réseau**
De « Pas maintenant ! » À « Immédiatement ! »

**Comment Développer Votre Entreprise de Marketing
de Réseau en 15 Minutes Par Jour**

Les Quatre Couleurs de Personnalités
Et Leur Langage Secret Adapté Au Marketing
de Réseau

Les BRISE-GLACES !
Comment amener n'importe quel prospect à vous
supplier de lui faire une présentation !

**Comment établir instantanément Confiance,
Crédibilité Influence et Connexion !**
13 façons d'ouvrir les esprits en s'adressant directement au subconscient

**PREMIÈRES PHRASES pour Marketing
de réseau**
Comment mettre les prospects dans votre
poche rapidement !

À PROPOS DE L'AUTEUR

Tom « Big Al » Schreiter possède plus de 40 ans d'expérience en marketing de réseau et marketing à paliers multiples. En tant qu'auteur des livres classiques de formation « Big Al » publiés à la fin des années '70, il a depuis offert des conférences et ateliers dans plus de 80 pays sur comment utiliser des mots et des phrases précises pour entrer dans la tête des prospects, ouvrir leur esprit et leur faire dire « OUI. »

Sa passion réside dans les idées marketing, les campagnes promotionnelles et les techniques pour s'adresser au subconscient de façon simple et efficace. Il est toujours à l'affut des phénomènes et campagnes marketing innovatrices qui fournissent bien souvent de nouvelles clés.

En tant qu'auteur de nombreuses formations audio, Tom est un orateur très prisé dans les conventions annuelles et les événements régionaux.

www.ingramcontent.com/pod-product-compliance
Lightning Source LLC
Chambersburg PA
CBHW071648210326
41597CB00017B/2154